AF616973

ACCESO GRATIS *a la Lectura en la Nube*

Para visualizar el libro electrónico en la nube de lectura envíe junto a su nombre y apellidos una fotografía del código de barras situado en la contraportada del libro y otra del ticket de compra a la dirección:

ebooktirant@tirant.com

En un máximo de 72 horas laborables le enviaremos el código de acceso con sus instrucciones.

RESERVA LA PRÓXIMA EDICIÓN DEL GPS ARRENDAMIENTOS URBANOS

5% DE DESCUENTO

GASTOS DE ENVÍO GRATUITOS*(1)

Si quieres recibir la próxima edición del GPS automáticamente en cuanto aparezca

	Precio*(2)	Unidades
GPS ARRENDAMIENTOS URBANOS 2ª ED.	90,43	

Si quieres suscribirte al GPS LABORAL y recibir automáticamente las futuras ediciones

	Precio*(3)	Unidades
GPS ARRENDAMIENTOS URBANOS	90,43	

Nombre:	
Apellidos:	
Dirección:	Código postal:
Población:	N.I.F. / C.I.F.:
Teléfono:	Correo electrónico:
Datos bancarios: CCC:	

Haznos llegar este boletín mediante:

Fax: 963694151
Correo electrónico: Suscripciones@tirant.com
Teléfono: 963699153
Correos: Editorial Tirant lo Blanch
C/ Artes Gráficas, 14-2
46010 Valencia

*(1) Solo para España peninsular y Baleares

*(2) IVA no incluido (4%)

*(3) IVA no incluido (4%). Precio de cada edición

GPS
ARRENDAMIENTOS URBANOS

GPS ARRENDAMIENTOS URBANOS

ANTONIO JOSÉ NAVARRO SELFA

tirant lo blanch
Valencia, 2025

EDITA: TIRANT LO BLANCH
C/ Artes Gráficas, 14 - 46010 - Valencia
TELFS.: 96/361 00 48 - 50
FAX: 96/369 41 51
Email:tlb@tirant.com
www.tirant.com
Librería virtual: www.tirant.es
DEPÓSITO LEGAL: V-1020-2025
ISBN: 978-84-1095-880-7

Nota de la editora

El lector se preguntará qué valor añadido tiene esta obra respecto de las que existen en el mercado; **por qué elegir precisamente ésta y no otra obra que parezca similar**, para su compra, lectura o consulta.

En primer lugar, esta obra que el lector tiene entre sus manos es una **herramienta jurídica de uso diario** para quienes operan en cualquier ámbito profesional relacionado con la Justicia. Es un instrumento de trabajo hecho a conciencia y con conciencia, es decir, pensando en construirla para dar respuesta a una necesidad que hemos visto que existía y que se nos demandaba una respuesta. Pero no cualquier respuesta, sino una respuesta adecuada para satisfacer esa necesidad.

En cuanto a **la estructura y contenido de la obra**. Se trata de una obra organizada de forma singular, no con una exposición de temas teóricos sino con el mismo iter con el que se encontrará el asesor, el abogado, el jurista, y de muy fácil manejo.

Además, **cada capítulo contiene definiciones, normativa actualizada, jurisprudencia específica, cuestiones útiles relacionadas con la materia de estudio y todo ello expuesto con un uso del lenguaje que facilita la comprensión del lector**.

Asimismo, el **índice final ofrece un sencillo sistema de búsqueda** para localizar en el GPS el tema que se necesita.

En esta nueva edición, actualizada y ampliada, hemos introducido imágenes de señales de tráfico para facilitar la localización de los aspectos más relevantes, más conflictivos y más novedosos de los temas contenidos en la obra. Ello, sumado a los colores y recuadros convierte al GPS en un libro completo, útil y de fácil uso.

Finalmente, el **autor** es un jurista de reconocido prestigio en la materia, con años de experiencia académica y profesional que combinan conocimiento y experiencia, tan importante en una obra de estas características y tan difícil de encontrar.

Índice

Capítulo 4
DE LA RENTA EN ARRENDAMIENTOS DE VIVIENDA Y DE USO DISTINTO DE VIVIENDA

Capítulo 5
DERECHOS Y OBLIGACIONES DE LAS PARTES

Capítulo 6
SUSPENSIÓN, RESOLUCIÓN Y EXTINCIÓN DE LOS CONTRATOS

Capítulo 7
FIANZA Y FORMALIZACIÓN DEL ARRENDAMIENTO

Capítulo 8
CONTRATOS DE ARRENDAMIENTO NO COMPRENDIDOS EN LA LAU

Capítulo 9
PROCESOS ARRENDATICIOS

Capítulo 1

Ámbito de aplicación de la Ley, arrendamientos de vivienda y uso distinto de vivienda

1. REGULACIÓN NORMATIVA

Artículo 1. Ámbito de aplicación.

«La presente ley establece el régimen jurídico aplicable a los arrendamientos de fincas urbanas que se destinen a vivienda o a usos distintos del de vivienda.»

Artículo 2. Arrendamiento de vivienda.

«1. Se considera arrendamiento de vivienda aquel arrendamiento que recae sobre una edificación habitable cuyo destino primordial sea satisfacer la necesidad permanente de vivienda del arrendatario.

2. Las normas reguladoras del arrendamiento de vivienda se aplicarán también al mobiliario, los trasteros, las plazas de garaje y cualesquiera otras dependencias, espacios arrendados o servicios cedidos como accesorios de la finca por el mismo arrendador.»

Artículo 3. Arrendamiento para uso distinto del de vivienda.

«1. Se considera arrendamiento para uso distinto del de vivienda aquel arrendamiento que, recayendo sobre una edificación, tenga como destino primordial uno distinto del establecido en el artículo anterior.

2. En especial, tendrán esta consideración los arrendamientos de fincas urbanas celebrados por temporada, sea ésta de verano o cualquier otra, y los celebrados para ejercerse en la finca una actividad industrial, comercial, artesanal, profesional, recreativa, asistencial, cultural o docente, cualesquiera que sean las personas que los celebren.»

Artículo 5. Arrendamientos excluidos

«Quedan excluidos del ámbito de aplicación de esta ley:

a) El uso de las viviendas que los porteros, guardas, asalariados, empleados y funcionarios, tengan asignadas por razón del cargo que desempeñen o del servicio que presten.

b) El uso de las viviendas militares, cualquiera que fuese su calificación y régimen, que se regirán por lo dispuesto en su legislación específica.

c) Los contratos en que, arrendándose una finca con casa-habitación, sea el aprovechamiento agrícola, pecuario o forestal del predio la finalidad primordial del arrendamiento. Estos contratos se regirán por lo dispuesto en la legislación aplicable sobre arrendamientos rústicos.

d) El uso de las viviendas universitarias, cuando éstas hayan sido calificadas expresamente como tales por la propia Universidad propietaria o responsable de las mismas,

que sean asignadas a los alumnos matriculados en la correspondiente Universidad y al personal docente y de administración y servicios dependiente de aquélla, por razón del vínculo que se establezca entre cada uno de ellos y la Universidad respectiva, a la que corresponderá en cada caso el establecimiento de las normas a que se someterá su uso.
e) La cesión temporal de uso de la totalidad de una vivienda amueblada y equipada en condiciones de uso inmediato, comercializada o promocionada en canales de oferta turística o por cualquier otro modo de comercialización o promoción, y realizada con finalidad lucrativa, cuando esté sometida a un régimen específico, derivado de su normativa sectorial turística.»

La actual regulación de los arrendamientos urbanos en el ordenamiento español es resultado de la evolución seguida desde las primeras normas, Decreto Bugallal de junio de 1920, pasando por la Ley de 31 de diciembre de 1946, el Decreto 4104/1964, de 24 de diciembre modificado posteriormente por el Texto Refundido de la Ley de Arrendamientos Urbanos de 1964, el Real Decreto-ley 2/1985 o "Decreto Boyer" y la actual Ley 29/1994 de Arrendamientos Urbanos con sus sucesivas modificaciones que, como indica su artículo 1, establece el régimen jurídico aplicable a los arrendamientos de fincas urbanas que se destinen a vivienda o a usos distintos de vivienda, excluyendo por tanto de su ámbito otro tipo de arrendamientos contemplados en su artículo 5 así como a los no incluidos

En primer lugar, siendo el objeto de la Ley la regulación de los arrendamientos de fincas urbanas debemos preguntarnos qué se entiende por finca urbana para delimitarlo de otro tipo de fincas no urbanas. Como vemos en su artículo 1° la Ley no define el concepto de finca urbana, por lo que debemos acudir a otras fuentes normativas para delimitar su contenido.

2. DELIMITACIÓN DEL CONCEPTO DE ARRENDAMIENTO URBANO

Para comenzar deberemos indicar que la definición de arrendamiento "urbano" en nuestra legislación nos viene dada en primer lugar, a partir del contenido del **artículo 1543 del Código Civil** que es donde se encuadra el arrendamiento de finca urbana, aunque con legislación propia que es la que tratamos en el presente manual, la Ley de arrendamientos urbanos 29/94, así:

Artículo 1543 CC: "En el arrendamiento de cosas, una de las partes se obliga a dar a la otra el goce o uso de una cosa por tiempo determinado y precio cierto".

En consecuencia, del antedicho precepto extraemos indubitadamente la conclusión de que los elementos definitorios de todo arrendamiento de cosas son su duración temporal y su precio cierto, que en el caso del arrendamiento de un inmueble es obviamente la renta a abonar por el arrendatario.

Por otra parte, las definiciones jurisprudenciales de arrendamiento urbano, ya de vivienda o de uso distinto, presuponen siempre en el ámbito de la LAU, el concepto de edificio, que es ajeno a un solar o a una instalación industrial. Ello se desprende tanto del artículo **art. 2 de la LAU** antes referenciado como de su **art. 3:**

> ***Artículo 2 LAU:*** «Se considera arrendamiento de vivienda aquel arrendamiento que recae sobre una edificación habitable cuyo destino primordial sea satisfacer la necesidad permanente de vivienda del arrendatario»
>
> ***Artículo 3 LAU***: «Se considera arrendamiento para uso distinto del de vivienda aquel arrendamiento que, recayendo sobre una edificación, tenga como destino primordial uno distinto del establecido en el artículo anterior»,

La ley de arrendamientos urbanos de 24 de noviembre de 1994 distingue entre el contrato de arrendamiento de vivienda, al que alude el artículo 2º de la ley, siendo este el que recae sobre una edificación finca habitable, cuyo destino principal sea satisfacer las necesidades de vivienda del inquilino, y el de uso distinto, que define en sentido negativo.

Así el arrendamiento para uso distinto de vivienda, es definido como el contrato que teniendo por objeto una edificación, no tiene como destino primordial el satisfacer esa necesidad permanente de vivienda del arrendatario.

Llegados a este punto podemos afirmar indubitadamente que la calificación de un contrato como de arrendamiento de vivienda, viene dada por dos requisitos.

Por un lado, que el contrato de arrendamiento recaiga sobre un inmueble que reúna el requisito de habitabilidad, es decir que el inmueble sea adecuado para cubrir esas necesidades de morada o residencia, donde la persona o la familia desarrolla la intimidad de su existencia, y un segundo requisito, que se trate de satisfacer esa necesidad permanente del arrendatario, lo que es a su vez, la esencia de la distinción con el arrendamiento de vivienda para temporada, que no contempla como objeto la necesidad permanente de vivienda.

El **apartado segundo del artículo 2º**, extiende la regulación recogida para los arrendamientos de vivienda también *«al mobiliario, los trasteros, las plazas de garaje y cualesquiera otras dependencias, espacios arrendados o servicios cedidos como accesorios de la finca por el mismo arrendador»*.

Esta ampliación respecto del texto refundido del 64, nos parece un acierto del legislador, puesto que evita fraudes o contratos superpuestos de dichos elementos respecto de la vivienda, alcanzando a estos también su carácter tuitivo respecto del arrendatario.

Marco normativo del concepto habitabilidad

El marco normativo actual sobre "habitabilidad" podríamos indicar que establecido actualmente por la reciente Ley 12/2023, de 24 de mayo, por el Derecho a la Vivienda, a la que habrá que acudir a partir de ahora para delimitar este concepto, puesto que las referencias al mismo son constantes en dicho texto normativo, aunque sea siempre por medio de generalidades complejas de concretar a nivel jurídico.

Intentado efectuar dicha concreción, indicaremos que el **art. 2 c)** entiende la habitabilidad de una vivienda como *«el conjunto de requisitos mínimos de calidad, funcionalidad y accesibilidad universal que, atendiendo a la normativa aplicable, deben cumplir las mismas para garantizar la dignidad y la salud de las personas, para satisfacer sus necesidades de habitación en las diferentes etapas de su vida, con especial atención a las necesidades de los menores, para quienes la vivienda constituye además un espacio fundamental de desarrollo, seguridad y cobijo, y como base para el efectivo ejercicio de derechos y libertades»*.

Igualmente, tienen relevancia los apdos. a), b) y c) **del art. 3**, que definen lo que es una vivienda, una infravivienda o una vivienda digna y adecuada.

Además de este apartado de la Ley por el Derecho a la vivienda deberemos igualmente seguir acudiendo al art. 3.1 c) de la Ley 38/1999, de 5 de noviembre, de Ordenación de la Edificación, desarrollado por el Código Técnico de la Edificación, aprobado por el Real Decreto 314/2006, de 17 de marzo, que permiten, quizás una delimitación mucho más técnica y menos jurídica del concepto.

Los denominados usos mixtos

Como veremos en el apartado jurisprudencial una vivienda calificada como tal y encuadrada en el artículo 2º, puede destinarse simultáneamente a otros fines distintos, como puede ser el ejercicio de una actividad profesional, siempre que ese uso sea residual respecto del principal, que es el de cubrir esa necesidad permanente.

Un ejemplo clásico en la Jurisprudencia, es la de un profesional, que ejerce su actividad en la vivienda arrendada, destinando una pequeña parte de ella a tal actividad. Si en el inmueble arrendado el espacio dedicado a actividad profesional es más grande que el destinado a vivienda, aquí por el contrario hablaríamos de un arrendamiento de uso distinto de vivienda, siguiendo el criterio de nuestra Jurisprudencia, en la calificación de los denominados arrendamientos mixtos.

3. DISTINCIÓN ENTRE ARRENDAMIENTO DE VIVIENDA Y DE USO DISTINTO DE VIVIENDA

Como bien nos indica el **preámbulo de la Ley, que resulta muy clarificador en este caso**: *«La ley abandona la distinción tradicional entre arrendamientos de vivienda* *y arrendamientos de locales de negocio y asimilados para diferenciar entre arrendamientos de vivienda, que son aquellos dedicados a satisfacer la necesidad de vivienda permanente del arrendatario, su cónyuge o sus hijos dependientes, y arrendamientos para usos distintos al de vivienda, categoría ésta que engloba los arrendamientos de segunda residencia, los de temporada, los tradicionales de local de negocio y los asimilados a éstos».*

> *"Este nuevo categorismo se asienta en la idea de conceder medidas de protección al arrendatario sólo allí donde la finalidad del arrendamiento sea la satisfacción de la necesidad de vivienda del individuo y de su familia, pero no en otros supuestos en los que se satisfagan necesidades económicas, recreativas o administrativas".*

Esta cuestión, la de la protección al arrendatario de vivienda, impregna de forma manifiesta la LAU 29/94 como podremos observar a lo largo de este texto.

En la regulación de los arrendamientos para uso distinto al de vivienda, la ley opta por dejar al libre pacto de las partes todos los elementos del contrato, configurándose una regulación supletoria a la del libre pacto que también permite un amplio recurso al régimen del Código Civil.

Tipos de contrato de uso distinto: (art. 3 LAU)

Respecto a los tipos de contrato que podemos enmarcar en este tipo de arrendamiento, uso distinto, nos encontramos en primer lugar con el de temporada cuya distinción principal con el de vivienda habitual, viene dada por la finalidad de la ocupación, que necesariamente ha de ser transitoria, al contrario que el permanente de vivienda y no por el plazo en sí mismo.

Desde un punto de vista práctico y a fin de evitar problemas futuros en la vida del contrato de arrendamiento de temporada y su interpretación, resulta absolutamente imprescindible la concordancia entre la razón que motiva el contrato y su duración, es decir establecer una cláusula de contrato temporal por un motivo en concreto, ya sean estos laborales, formativos, meramente vacacionales o de ocio, así como también indicar en el contrato cual es en realidad la vivienda habitual del arrendatario.

El artículo 3º, concluye indicando que estarán incluidos en el presente artículo *«los celebrados para ejercerse en la finca una actividad industrial, comercial, artesanal, profesional, es decir los denominados con la anterior legislación arrendamientos de local de negocio, así como aquellos en que se arrienden para actividades recreativas, asistenciales, culturales o docentes.»*

Caen fuera de su esfera, arrendamientos como el de habitación, o arrendamientos de industria, a los cuales les dedicaremos un apartado especial al final del contenido de los títulos II Y III.

Respecto al arrendamiento de garaje, si bien existe alguna diferencia jurisprudencial con carácter mayoritario, se excluye su regulación de la LAU por lo que tenderemos que acudir a los artículos 1546 y siguientes de dicho texto legal para conocer los derechos, obligaciones y demás disposiciones que regulan este tipo de arrendamientos, el cual también trataremos en el antedicho apartado.

4. ARRENDAMIENTOS EXCLUIDOS: (ART. 5 LAU)

Por último, y por coherencia temática cerramos este primer apartado, con el art. 5º que cierra el Título I referido al ámbito de aplicación de la ley, recogiendo de forma enunciativa los arrendamientos excluidos del mismo.

Según los que la propia Ley enumera son:

> *«1º Arrendamientos de viviendas que los porteros, guardas, asalariados, empleados y funcionarios, tengan asignadas por razón del cargo.»*

La exclusión obviamente se determina por la vinculación de la vivienda al puesto de trabajo y por tanto está vinculada a este. Es decir, esta otorgada en función del mismo. Se trata de una retribución en especie que se incardinaría en la previsión del art. 26.1 RDLeg 2/2015, de 23 de octubre, por el que se aprueba el Texto Refundido de la Ley del Estatuto de los Trabajadores, como consecuencia de una relación laboral o como arrendamiento accesorio al contrato de trabajo.

> *«2º Arrendamientos de viviendas militares.»*

El presente supuesto no ofrece mayor explicación que la indicación de la Ley 26/1999, de 9 de julio, de medidas de apoyo a la movilidad geográfica de los miembros de las Fuerzas Armadas y el Real Decreto 1080/2017, de 29 de diciembre, por el que se aprueba el Estatuto del organismo autónomo Instituto de Vivienda, Infraestructura y Equipamiento de la Defensa, y que determina su régimen jurídico.

El art. 1 b) de la ley determina precisamente como uno de los objetos de la misma, asignar en régimen de arrendamiento especial las viviendas militares, siendo el estatuto del organismo autónomo el que regula los pormenores de esta cesión.

> *«3º Arrendamientos de fincas con vivienda cuya finalidad primordial es el aprovechamiento agrícola, pecuario o forestal.»*

Entendemos que este apartado no necesita mayor aclaración que el propio título del mismo.

> *«4º Arrendamientos de viviendas universitarias.»*

Para que concurra la presente exclusión han de darse dos requisitos:

1° Que la Universidad haya calificado dichas viviendas como universitarias. 2° Que sean asignadas a alumnos matriculados, personal docente, o de administración de la propia Universidad.

Este caso tiene la curiosa particularidad que de que no es necesaria la titularidad de la Universidad de dichas viviendas, si no tan solo que sea responsable de las mismas.

> *«5° La cesión temporal de uso de la totalidad de una vivienda amueblada y equipada en condiciones de uso inmediato, comercializada o promocionada en canales de oferta turística o por cualquier otro modo de comercialización o promoción, y realizada con finalidad lucrativa, cuando esté sometida a un régimen específico, derivado de su normativa sectorial turística.»*

Hablamos aquí de los apartamentos turísticos, que la norma curiosamente define para luego excluirlos de su ámbito de aplicación.

En cuanto a la normativa sectorial a la que hace referencia el precepto, va a depender a su vez de su normativa regional o incluso a veces local, de ahí que cada comunidad autónoma, tenga su propio Reglamento sobre la actividad de apartamentos turísticos, siempre respetando como base para el desarrollo y concreción del mismo la definición antes indicada. Debemos recordar que las Comunidades Autónomas tienen competencia en materia de turismo conforme con el artículo 148.1.18 de la CE referido a la "Promoción y ordenación del turismo en su ámbito territorial"

5. RÉGIMEN APLICABLE: (ART. 4 LAU)

Regulación Normativa

Artículo 4°. Régimen aplicable.

«1. Los arrendamientos regulados en la presente Ley se someterán de forma imperativa a lo dispuesto en los títulos I y IV de la misma y a lo dispuesto en los apartados siguientes de este artículo.

2. Respetando lo establecido en el apartado anterior, los arrendamientos de vivienda se regirán por los pactos, cláusulas y condiciones determinados por la voluntad de las partes, en el marco de lo establecido en el título II de la presente ley y, supletoriamente, por lo dispuesto en el Código Civil.

Se exceptúan de lo así dispuesto los arrendamientos de viviendas cuya superficie sea superior a 300 metros cuadrados o en los que la renta inicial en cómputo anual exceda de 5,5 veces el salario mínimo interprofesional en cómputo anual y el arrendamiento corresponda a la totalidad de la vivienda. Estos arrendamientos se regirán por la voluntad de las partes, en su defecto, por lo dispuesto en el Título II de la presente ley y, supletoriamente, por las disposiciones del Código Civil.

3. Sin perjuicio de lo dispuesto en el apartado 1, los arrendamientos para uso distinto del de vivienda se rigen por la voluntad de las partes, en su defecto, por lo dispuesto en el título III de la presente ley y, supletoriamente, por lo dispuesto en el Código Civil.
4. La exclusión de la aplicación de los preceptos de esta ley, cuando ello sea posible, deberá hacerse de forma expresa respecto de cada uno de ellos.
5. Las partes podrán pactar la sumisión a mediación o arbitraje de aquellas controversias que por su naturaleza puedan resolverse a través de estas formas de resolución de conflictos, de conformidad con lo establecido en la legislación reguladora de la mediación en asuntos civiles y mercantiles y del arbitraje.
6. Las partes podrán señalar una dirección electrónica a los efectos de realizar las notificaciones previstas en esta ley, siempre que se garantice la autenticidad de la comunicación y de su contenido y quede constancia fehaciente de la remisión y recepción íntegras y del momento en que se hicieron.»

Cuestiones útiles

El artículo comienza indicándonos que todos los arrendamientos recogidos en la presente Ley, ya sea de vivienda o uso distinto de vivienda se hallan sometidos expresamente a los títulos I y IV de esta Ley. Es decir, el Título I que se refiere al ámbito de la Ley y el IV a la fianza y formalización del arrendamiento.

1. ARRENDAMIENTO PARA VIVIENDA:

El apartado 2° del presente artículo comienza por hacer una llamada al marco de la libertad de parte a la hora de establecer las cláusulas contractuales, pero lo cierto es que a continuación limita el referido marco a las disposiciones contenidas en el Título II de la LAU que tienen carácter imperativo y, rigiéndose solamente de forma supletoria, por lo dispuesto en el Código Civil. Es decir, establece un triple marco en realidad para los arrendamientos de vivienda, el propio Título II en primer lugar, la voluntad de las partes cuando no sea contraria al mismo y de forma supletoria el Código Civil.

Del Preámbulo de la Ley y de los títulos en los títulos I y II de la LAU 29/94, observamos que en realidad el arrendamiento de vivienda como tal, está marcado por una regulación absolutamente imperativa, heredada en cierta medida de la LAU del 64, que deja apenas marco de actuación alguno a las partes a la hora de regular su propio contrato, y desde luego con un carácter claramente tuitivo para el arrendatario, también heredado en parte del antedicho Texto Refundido de la Ley de Arrendamientos Urbanos del 64.

La regla que determina esta falta de capacidad de las partes para auto tutelarse desprendiéndose del marco normativo del título II, viene conformada por el artículo art. 6°, del que más adelante hablaremos, y que viene a establecer la nulidad de cualquier estipulación que modifique sus disposiciones en perjuicio del arrendatario, salvo que está expresamente lo autorice, lo que dejaría a la misma sin efecto, pasando a estar regulada por lo dispuesto en el antedicho título II.

• ELEMENTOS DEL CONTRATO

Aunque más adelante se profundizará en ello, si podemos adelantar los cuatro elementos esenciales de un contrato de arrendamiento de vivienda que en esencia serían:

1°. La identidad de los contratantes.

2°. Identificación de la vivienda.

3°. Renta inicial, y posible repercusión de suministros y cuotas ordinarias de comunidad, siempre que se recojan expresamente.

4°. Duración del contrato, siempre teniendo en cuenta las prórrogas establecidas en el artículo 9 y 10 de la LAU, limitan obviamente dicha libertad.

• VIVIENDAS SUNTUARIAS

En el caso de las denominadas **viviendas suntuarias** el legislador sin embargo ha querido extraer con exclusión expresa del ámbito normativo del título II a las mismas y para la calificación de estas como tales se exige que o bien su superficie sea superior a 300 metros cuadrados, o bien que su renta inicial, en cómputo anual, exceda de 5,5 veces el salario mínimo interprofesional.

En este tipo de viviendas, como hemos apuntado se invierte la regulación anterior y se rigen, en su defecto, por lo dispuesto por la voluntad de las partes, en su defecto, por lo dispuesto en el Título II de la presente ley y, supletoriamente, por las disposiciones del Código Civil.

Es decir, el legislador abandona aquí el proteccionismo que caracteriza a los arrendamientos de vivienda para establecer un subtipo de vivienda, la suntuaria, donde prima la libertad de parte.

2. ARRENDAMIENTO PARA USO DISTINTO DE VIVIENDA

El legislador por el contrario en el régimen normativo aplicable a los contratos de arrendamiento para uso distinto al de vivienda, ha querido abandonar ese proteccionismo con el que regula la vivienda habitual para hacernos una remisión expresa en primer lugar a la voluntad de las partes como eje de la regulación contractual, pasando a aplicar el Título III, correspondiente a este tipo de arrendamientos, solo en defecto de lo no pactado por la autonomía de las partes en el contrato.

Dicho de otro modo, no existe impedimento alguno que las partes conformen su contrato con las cláusulas que estimen más convenientes para regular el mismo y se excluyan directamente sin nulidad alguna las disposiciones contenidas en los arts. 29° a 35° de este Título III.

3. LOS PACTOS DE EXCLUSIÓN DE LA LAU

Este artículo, el 6°, cobra especial importancia en los contratos denominados de vivienda habitual y comprendidos como hemos indicado dentro del título II.

El legislador nos hace una llamada expresa a que cuando sea posible dicha exclusión, la misma ha de ser expresa y en ningún caso susceptible de interpretación.

Como indicábamos anteriormente serán varias las veces en que nos refiramos a lo largo de este manual al artículo 6° de la LAU, volviendo a recordar que el referido precepto establece la nulidad de todas aquellas estipulaciones que modifiquen en perjuicio del arrendatario las normas del Título II, salvo cuando la propia norma expresamente lo autorice, cuestión que realmente ocurre en muy pocos casos y cuando lo hace, reiteramos una vez más dada su importancia, su exclusión ha de ser expresa e indubitada, cuestión en la que la Jurisprudencia se muestra especialmente taxativa.

Quizás los casos más típicos y utilizados en la práctica dentro del escaso margen de posibilidad de exclusión, vienen dados por la posibilidad de exclusión del derecho de adquisición preferente (art. 25) o bien de la posibilidad de prohibir la cesión o subarriendo de la vivienda sin consentimiento expreso de la propiedad (art. 8).

En los arrendamientos para uso distinto al de vivienda, nos encontramos el supuesto opuesto, dado que, si no regulamos aquellos aspectos, derechos y obligaciones descritos a lo largo del Título III mediante las correspondientes cláusulas contractuales, quedará vigente lo normado en el Título III.

Es decir, si no regulamos a voluntad y consenso de las partes, como la Ley nos permite, nuestro contrato de uso distinto, entraran en juego las normas de regulación previstas en los artículos 29 a 35 del Título II.

Pongamos como ejemplo las obras de reparación a realizar dentro de la edificación arrendada o la cesión del contrato. Nada nos impide bajo el principio de autonomía de voluntad de las partes que consagra el Título III para los usos distintos de vivienda que se pacte en el contrato en cuestión que las obras de reparación lo serán por cuenta del arrendatario y que este no podrá ceder el contrato, pero si no regulamos dentro del marco contractual dichas cuestiones, entraría en juego supletoriamente la LAU, y en este caso todas las obras de reparación lo serían por cuenta del arrendador en función de la remisión del artículo 30 a la normativa de vivienda como supletoria de la voluntad de las partes, pues el artículo art. 30 hace expresa remisión a los arts. 21, 22, 23 y 26 que se hallan en el Título II, y el arrendatario si podría ceder el contrato conforme preceptúa el art. 32.

Es por ello que desde un punto de vista práctico resulta como es lógico absolutamente necesario el asesoramiento en ambos tipos de contratos, en los de "uso distinto de vivienda", por el principio de libre y absoluta autonomía de libertad de las partes, y en el arrendamiento de vivienda por no pactar nada contrario al Título II con las excepciones expresadas en la Ley, porque dicha cláusula, sería nula, no nacería al tráfico jurídico.

4. DIRECCIÓN ELECTRÓNICA A EFECTOS DE NOTIFICACIONES

Resulta interesante llegado este punto indicar que, como novedad, la LAU permite **la fijación en los contratos de arrendamiento de una dirección electrónica a efectos de notificaciones.**

El devenir de los tiempos ha hecho que las formas de comunicación cambien más en la sociedad en los últimos veinte años que en los cien anteriores.

Esto ha hecho que el legislador prevea la posibilidad de que las partes puedan señalar una dirección electrónica a los efectos de realizar las notificaciones previstas en esta ley, siempre que se garantice la autenticidad de la comunicación y de su contenido y quede constancia fehaciente de la remisión y recepción íntegras y del momento en que se hicieron.

Estos requisitos plantean algunas cuestiones importantes, como la necesidad de utilizar empresas profesionales que autentifican estas cuestiones o bien la respuesta afirmativa de la recepción del email por parte del arrendador o arrendatario, según sea quien lo envíe, pues al final de lo que se trata es de acreditar la recepción del mismo.

En este caso la sociedad ha ido más rápida que el legislador y el wasap se ha convertido en un medio de comunicación muy habitual entre arrendadores y arrendatarios a todos los niveles, por lo que podemos integrarlo como otro medio más de comunicación siempre que se cuente con las garantías legales preceptiva. Hoy en día, no nos es ajeno comprobar como la prueba de demándate y demandado en un procedimiento judicial, viene dada por una conversación vía wasap, en la que ambas partes notifican cosas a la parte contraria, y esta responde con las afirmaciones que estime oportunas.

Jurisprudencia relevante

❐ LA DURACIÓN TEMPORAL COMO ELEMENTO ESENCIAL DEL ARRENDAMIENTO:

STS de 31-03-2021 (Tol 8381502). Número Sentencia: 184/2021

> *«El art. 1.543 CC define el contrato de arrendamiento de cosas como aquél por el que una de las partes se obliga a dar a la otra "el goce o uso de una cosa por tiempo determinado y precio cierto". De este precepto ha deducido la jurisprudencia su naturaleza temporal o por tiempo limitado, "porque de entenderlo ilimitado o indefinido, representaría la transmisión para siempre del uso que se cede, desmembrándolo del dominio, por lo que la delimitación del plazo es esencial en este negocio jurídico" (Sentencia de 21 de mayo de 1958).»*

El plazo de vigencia del contrato de arrendamiento se podrá fijar, como señaló esta sala en aquella sentencia, de acuerdo con la regla general del art. 1.125 CC, bien fijando un período cierto y determinado, bien refiriendo el término de la vigencia del contrato a un acontecimiento futuro, pero que necesariamente haya de suceder. El carácter esencialmente temporal del arrendamiento determina que el Código civil, para el caso de que los contratantes omitan la fijación del plazo, establezca supletoriamente la norma que ha de integrar y completar la autorregulación contractual, para lo que el art. 1.581 CC establece las reglas que han de regir en tal supuesto.

La conclusión que se extrae de ello es que el contrato de arrendamiento no puede ser indefinido. Como declaró la citada sentencia de 21 de mayo de 1958: «por naturaleza, por Ley y por la doctrina jurisprudencial, el término indefinido es incompatible con el concepto de arrendamiento».

Esta doctrina jurisprudencial se ha reiterado y mantenido invariable a lo largo del tiempo. Así, la **STS de 07-06-1979**, al referirse al derecho que el art. 1. 569.4º CC reconoce al arrendador para desahuciar judicialmente al arrendatario cuando ha expirado el término convencional fijado para la duración el arrendamiento, parte de que:

> *«...de no ser así se infringiría el artículo 1.543 del mismo, pues según éste la cesión arrendaticia ha de ser por tiempo determinado, ya que ello supondría imponer al arrendador la duración indefinida del arrendamiento, lo que es contrario a la naturaleza de éste».*

En el mismo sentido y respecto a la necesidad de fijar un plazo de duración en el arrendamiento, **Sentencia de la Audiencia Provincial de Valencia de 17-11-2017** (Tol 6530334). Número Sentencia: 402/2017.

❒ IMPOSIBILIDAD DE FIJACIÓN DE UN PLAZO INDEFINIDO EN UN CONTRATO DE ARRENDAMIENTO

Sentencia de Audiencia Provincial de Valencia de 17-11-2017 *(Tol 6530334).* Número Sentencia: 402/2017

> *«Ejercitada contra demanda de desahucio por expiración de plazo y por necesitarla para su uso personal, en virtud del contrato de arrendamiento celebrado entre las partes en fecha 14/11/2013 sobre una vivienda sita en dirección, calle, número, la parte demandada alega ser el contrato de duración indefinida, así como no necesitarla para sí el actor.*
> *Ha de estarse a lo indicado en el citado contrato, debiendo comenzar por su cláusula cuarta, en la cual se indica que: "el plazo de duración de este contrato será mientras persista el mantenimiento de susodicha vivienda.*
> *Tal temporalidad no puede dejarse al arbitrio de tan solo uno de los contratantes, en el caso que nos ocupa, sino que ha de ajustarse a las normas establecidas en la ley de arrendamientos urbanos en cuanto a la duración de los contratos de arrendamientos de vivienda».*

Para resolver dicha cuestión, ha de estarse a lo indicado en el citado contrato, debiendo comenzar por su cláusula cuarta, en la cual se indica que: *"el plazo de duración de este contrato será mientras persista el mantenimiento de susodicha vivienda."*

Ahora bien, dicha cláusula ha de ser puesta en relación con la tercera, en la cual se indica que la finca objeto del contrato se destinará a satisfacer la *"necesidad temporal de vivienda del arrendatario".* De dichas cláusulas se desprende que, como no podía ser de otra manera, atendiendo a la naturaleza del contrato de arrendamiento, que no conlleva una atribución permanente en el uso de la vivienda, sino limitado en el tiempo, tal atribución a Dª. Aurora también tuvo un carácter temporal.

Tal temporalidad no puede dejarse al arbitrio de tan solo uno de los contratantes, en el caso que nos ocupa de Dª. Aurora, sino que ha de ajustarse a las normas establecidas en la Ley de Arrendamientos Urbanos en cuanto a la duración de los contratos de arrendamientos de vivienda.

Dichas normas aparecen recogidas en el **art. 9 LAU**, en el cual se dispone que:

«2. Se entenderán celebrados por un año los arrendamientos para los que no se haya estipulado plazo de duración o éste sea indeterminado, sin perjuicio del derecho de prórroga anual para el arrendatario, en los términos resultantes del apartado anterior.
3. No procederá la prórroga obligatoria del contrato si, una vez transcurrido el primer año de duración del mismo, el arrendador comunica al arrendatario que tiene necesidad de la vivienda arrendada para destinarla a vivienda permanente para sí o sus familiares en primer grado de consanguinidad o por adopción o para su cónyuge en los supuestos de sentencia firme de separación, divorcio o nulidad matrimonial.»

Dicha circunstancia conlleva el que el plazo de duración deba considerarse como indeterminado, por lo que resulta de la aplicación el art. 9.2 LAU transcrito y, por ende, el contrato debió entenderse celebrado por un año.

Celebrado el contrato por un año, el mismo, conforme al art. 9.1 LAU, tenía una duración mínima obligatoria para el arrendador, de tres años, con lo que el plazo mínimo del mismo, venció en fecha 14 de noviembre de 2016, tal y como indica en su demanda el actor.

❒ EL EJERCICIO DE UNA ACTIVIDAD PROFESIONAL NO ES MOTIVO DE RESOLUCIÓN CONTRACTUAL, SI EL USO DE VIVIENDA SIGUE SIENDO EL PRIORITARIO.

Respecto de los determinados **usos mixtos de uso de vivienda y uso distinto de vivienda,** la Jurisprudencia ya se viene pronunciado en el sentido de que el contrato se regirá por el mayor uso que se dé al inmueble. Así:

Sentencia de la Audiencia Provincial de Madrid de 03-03-2023. ROJ: SAP M 2201/2023 (*Tol 9843377*).

«Pese a ello, considera la Audiencia que no puede entenderse aplicable el artículo 27. 2 de la LAU que permite al arrendador resolver de pleno derecho el contrato entre otras causas por la prevista en la letra f), antes transcrita, y genéricamente alegada por el demandante, pues considera el juzgador "a quo" que el precepto utiliza los términos de dejar de estar destinada "de forma primordial" a satisfacer las necesidades para la que está prevista, lo que no impide que, aparte de estar destinada a ella de esa forma "primordial" a vivienda, se pueda ejercitar en ella algún otro tipo de actividad, como pude ser la de abogado. En los mismos términos se ha de interpretar el artículo 2 de la LAU.

Considera que, aunque la cláusula segunda es clara en cuanto a que la vivienda ha de utilizarse única y exclusivamente a vivienda, en el propio contrato, estipulación novena, se recogen como causas de terminación todas las mencionadas en el artículo 27.2 de la LAU, que incluye el apartado f) referido. Sólo cabría resolver el contrato en el caso de que el demandado hubiera sustituido propiamente el uso pactado por otro distinto, es decir, hubiera destinado la vivienda exclusivamente a su profesión, lo que es coherente con el artículo 3. 1 LAU cuando define lo que se considera arrendamiento para uso distinto de la vivienda, que es aquel en el que artículo anterior.»

❐ EXCLUSIÓN EXPRESA DE LA LAU DE LA JURISPRUDENCIA EN EL CASO DE UN ARRENDAMIENTO DE SOLAR, O DE ARRENDAMIENTO DE INDUSTRIA POR NECESIDAD EXPRESA DE CONCEPTO DE EDIFICIO EN EL ARRENDAMIENTO.

Sentencia de la Audiencia Provincial de Cádiz de 20-02-2024. ROJ: SAP CA 259/2024 (*Tol 10022986*).

> *«Cabe añadir que las definiciones legales de arrendamiento urbano, ya de vivienda ya de negocio presupone siempre el concepto de edificio, que es ajeno a un solar o a una instalación industrial en el caso a un centro de lavado de coches. Es ello lo que se desprende del art. 2 de la Ley de Arrendamientos Urbanos ("Se considera arrendamiento de vivienda aquel arrendamiento que recae sobre una edificación habitable cuyo destino primordial sea satisfacer la necesidad permanente de vivienda del arrendatario") y de su art. 3 ("Se considera arrendamiento para uso distinto del de vivienda aquel arrendamiento que, recayendo sobre una edificación, tenga como destino primordial uno distinto del establecido en el artículo anterior").»*

❐ INTERPRETACIÓN DEL CONCEPTO DE TEMPORALIDAD COMO ELEMENTO ESENCIAL Y DIFERENCIADOR DEL ARRENDAMIENTO DE VIVIENDA PARA USO PERMANENTE, DEL DE TEMPORADA.

Sentencia de la Audiencia Provincial de Cádiz de 20-02-2024. ROJ: SAP CA 241/2024 (*Tol 10021691*).

> *«El Tribunal Supremo en sentencia de 4 de abril de 2011, en relación con estos dos tipos de arrendamientos urbanos a los que ya se refería la LAU de 1964, indica que: "constituye constante doctrina legal, que la nota esencial que caracteriza los arrendamientos de temporada, a que se refiere el art. 2.1 de la LAU de 1964; para excluirlos de su normativa especial y quedar sujetos, únicamente, a lo expresamente pactado y a las leyes comunes, es la existencia de un plazo concertado en atención, no a la necesidad permanente que el arrendatario tenga de ocupar la vivienda que le sirva de habitual residencia familiar, o un local donde establecer con carácter permanente un negocio o industria, sino para desarrollar de una manera accidental y en épocas determinadas esas actividades negociales o para habitar transitoriamente y por razones diversas la vivienda; debiendo entenderse el requisito de la "temporalidad" de modo amplio y flexible, cuando claramente se infiere que el uso u ocupación del inmueble responda a exigencias circunstanciales, esporádicas o accidentales determinantes del contrato, y no a la necesidad de habitarlo permanentemente, ya que dicho requisito de temporalidad guarda relación, no con el plazo de duración puramente cronológico, sino con la finalidad a que va encaminado el arrendamiento determinante de acción (SSTS 19 de febrero 1982 y 15 de diciembre 1999, entre otras).*
>
> *Constituyen pues elementos configuradores del arrendamiento de temporada: el negativo, de no constituir la residencia habitual del locatario y no tener vocación de permanencia o de satisfacer la necesidad de vivienda del arrendatario; y el positivo, de la limitación temporal u ocasional de los períodos de ocupación, verificados de manera más o menos discontinua y con*

una mayor o menor frecuencia, pero siempre interrumpidos por la preferencia otorgada al hogar habitual, único que cubre la necesidad permanente de ocupación, frente a las motivaciones de mera conveniencia, comodidad o capricho determinantes del arriendo.
La exigencia de que el inmueble se "ocupe" únicamente por una temporada, que establece el citado precepto de la LAU de 1964, revela que lo importante para definir el contrato no es la duración del arrendamiento o el plazo pactado, sino el período real de ocupación del inmueble, cualquiera que sea el espacio más o menos corto del tiempo de utilización, en tanto sea revelador de que la estancia del locatario no es la de su residencia habitual, sino que la finca se ocupa discontinuamente por parte de quien habitualmente disfruta de otra vivienda que satisface su necesidad permanente, siendo la referencia a la temporada de verano que contiene la expresada norma de carácter meramente ejemplificativo.
Obedeciendo la finalidad protectora del inquilino, que reconoce también la vigente LAU de 1994 en favor del arrendamiento de vivienda, y que se excluye ahora para los arrendamientos de uso distinto aún comprendidos en el ámbito de esta legislación especial, a la singular tutela que merece la vivienda destinada efectivamente a residencia habitual del locatario, es clara la justificación de que los inmuebles que no satisfacen esta necesidad esencial y permanente de vivienda no merezcan dicha protección legal.»

En este mismo sentido la Jurisprudencia es especialmente sensible al **fraude de ley** en aquellos contratos que, aunque las partes denominen de temporada resultan contratos de arrendamientos de viviendas, estableciendo incluso tal presunción en casos en los que se denote que el tiempo pactado esta realizado con tal fin.

A tal respecto, **Sentencia de la Audiencia Provincial de Les Illes Balears de 19-02-2020.** RES:62/2020 REC:639/2019.

«Se acompañan con la demanda los contratos y, a los efectos de lo que es objeto de resolución en el procedimiento, la comunicación recibida del letrado de los arrendatarios en fecha 27 de abril de 2017, en ella se comunica su consideración de que los sucesivos contratos de arrendamiento como celebrados en fraude de ley, pues se pretende que sean contratos de arrendamiento de temporada lo que en realidad son arrendamiento de vivienda habitual de los arrendatarios. Es por ello por lo que consideran que se encuentra prorrogado de forma legal, hasta que transcurran tres años desde la firma del primero de ellos de forma ininterrumpida el 1 de mayo de 2015.»

❒ IMPERATIVIDAD DE LAS PRÓRROGAS DEL ARTÍCULO 9º DE LA LAU E IMPOSIBILIDAD DE RENUNCIA A LAS MISMAS.

Sentencia de la Audiencia Provincial de Elche de 24-04-2024 ROJ: SAP A 1032/2023 (*Tol 10118699*).

«Con todo lo antes expuesto, resulta evidente del tenor literal de los preceptos antes transcritos, que la duración pactada de 11 meses sin posibilidad de prórroga, infringe una norma imperativa, cual es el art. 9 de la LAU antes mencionado, y conforme al mismo este se deberá prorrogar obligatoriamente por plazos anuales hasta que el arrendamiento alcance una duración mínima de tres años. Que dicha norma no ha sido declarada inconstitucional, y resulta de aplicación imperativa, tal y como se infiere del art. 6 de la LAU que dice "... son nulas, y se tendrán por no puestas, las estipulaciones que modifiquen en perjuicio del arrendatario o subarrendatario las normas del presente Título, salvo los casos en que la propia norma expre-

samente lo autorice…", sin que sea susceptible de una interpretación distinta, por la claridad de la misma, siendo acorde dicha duración mínima que la norma impone, con la finalidad tuitiva que tiene la normativa de arrendamientos urbanos, tal y como se explica en su exposición de motivos, normativa a la que incluso se someten de forma expresa las partes, tal y como consta en el contrato».

❒ RESPECTO A LA **CALIFICACIÓN COMO ARRENDAMIENTO DE VIVIENDA, CUANDO EL ARRENDATARIO ES UNA SOCIEDAD PARA QUE EN ELLA HABITEN SUS EMPLEADOS O ADMINISTRADORES**, LA JURISPRUDENCIA SE MUESTRA CONTRARIA EN CUALQUIERA DE LOS CASOS ENTENDIENDO SIEMPRE QUE, EN FUNCIÓN DEL ELEMENTO DEL SUBJETIVO DEL ARRENDAMIENTO, ESTARÍAMOS SIEMPRE ANTE UN SUPUESTO DE USO DISTINTO DE VIVIENDA:

Sentencia de la Audiencia Provincial de Barcelona de 20-06-2024. ROJ: SAP B 7299/2024 (*Tol 10163236*).

«…por tanto, los arrendamientos de vivienda son aquellos que recayendo sobre edificaciones urbanas habitables se celebran con la intención de atender la necesidad permanente de vivienda del arrendatario y de las personas que con él convivan. En cuanto al elemento subjetivo del contrato, es decir, a las personas cuya necesidad de vivienda puede ser atendida a través de dicho arrendamiento, el texto definitivamente aprobado del artículo 2.1 no contiene ninguna referencia subjetiva adicional a la del arrendatario. En relación a dicho elemento subjetivo se suscita la cuestión referente a la condición de los contratos de arrendamiento concertados por personas jurídicas con la intención de destinarlos a vivienda de una persona física, como en el caso que nos ocupa, en que la sociedad arrendataria celebró el contrato con el fin de que sirviera de vivienda a la Administradora y a su hijo.

En principio, la finalidad perseguida es la satisfacción de la necesidad permanente de una persona, concurriendo así una de las exigencias legales para la calificación como arrendamiento de vivienda. Sin embargo, esto no es suficiente al faltar la condición de que sea el propio arrendatario, o las personas de su íntimo grupo familiar, la persona cuya necesidad de vivienda se satisface.

Puesto que en este supuesto no coincide la persona del arrendatario con la de aquel cuya necesidad de vivienda se atiende con el arrendamiento, nos encontramos ante un contrato que no puede ser de vivienda al faltar unido sus requisitos esenciales. Como indica el Juzgador de instancia, las personas jurídicas pueden tener domicilio pero no vivienda, por ello, el uso satisfecho por el arrendamiento será siempre distinto al de vivienda, pero no convierte al contrato en inexistente.

Así, en esta línea, todo arrendamiento sometido a la LAU cuyo arrendatario sea una persona jurídica, cualquiera que esta sea, es un arrendamiento para uso distinto, al faltar el elemento de la satisfacción de vivienda del arrendatario.»

❒ RESPECTO A LA **CAPACIDAD PARA LA REALIZACIÓN DE UN CONTRATO Y POR ENDE LUEGO PARA EJERCER UNA ACCIÓN JUDICIAL** ENTIENDE LA JURISPRUDENCIA QUE **PUEDE SER REALIZADO PERFECTAMENTE POR UN ADMINISTRADOR.**

Sentencia de la Audiencia Provincial de Jaén de 01-09-2022. ROJ: SAP J 1025/2022 (*Tol 9285541*).

> *«Dice la sentencia del TS 8 de octubre de 1985 que "sabido es que la cesión de una cosa en arrendamiento no es acto de riguroso dominio y que no se incluye como tal en el art. 348 del Código Civil, ni tal exigencia se presupone en los arts. 1564 y 1565 de la Ley Procesal Civil, sino que por el contrario la cesión arrendaticia es un mero acto de administración lo que no obsta, claro es, para que en la mayoría de los casos sea el mismo propietario o el usufructuario el que concierta el contrato de locación».*

Capítulo 2

Normas generales de arrendamientos de vivienda y de uso distinto de vivienda

1. NATURALEZA IMPERATIVA DE LAS NORMAS SOBRE ARRENDAMIENTO DE VIVIENDA. (ART. 6). INAPLICACIÓN DEL PRECEPTO EN EL ÁMBITO DEL USO DISTINTO DE VIVIENDA.

Regulación Normativa

Artículo 6. Naturaleza de las normas.
«Son nulas, y se tendrán por no puestas, las estipulaciones que modifiquen en perjuicio del arrendatario o subarrendatario las normas del presente Título, salvo los casos en que la propia norma expresamente lo autorice.».

Cuestiones útiles

Resulta de especial importancia el artículo 6° de la LAU dentro de su marco normativo, del cual nos hacíamos eco al comentar el preámbulo de la ley dentro de los comentarios al artículo 3°, dado que supone la consagración del espíritu proteccionista que tiene la Ley respecto del arrendatario o subarrendatario.

Establece dicho artículo 6°, que caso de pactarse en el contrato (hablamos siempre en este caso de vivienda, Título II) una norma que sea perjudicial para el inquilino o subarrendatario, ésta será nula y se tendrá por no puesta.

Por lo tanto, solo se podrán pactar en el contrato cláusulas que perjudiquen al inquilino respecto a lo normado en el Título II, cuando la propia ley lo permita expresamente, lo que realmente ocurre en escasas ocasiones.

El artículo 6 LAU, como hemos indicado, es sólo aplicable a contratos de arrendamiento de vivienda habitual, por lo que, si nos situamos en el plano de un arrendamiento de uso distinto, entonces sí que se podrán incluir cláusulas en el contrato que perjudiquen al arrendatario, respecto a lo normado en el título III para uso distinto de vivienda, dicho de otra forma, casi todo lo contenido en el título II, se trata materias no disponibles para las partes y lo contenido en el título III, si.

Un ejemplo de cláusula nula y por tanto tenida por no "no puesta", en el contrato sería el plazo de desistimiento del inquilino, cuando es distinto en perjuicio del arrendatario al que preceptúa el artículo 11 ° de la LAU. Así, tras la reforma de la LAU de 2013 el inquilino puede, por así indicarlo el artículo 11°, desistir del contrato de arrendamiento tras el sexto mes de vigencia.

Finalmente, es obvio que la Ley y la Jurisprudencia si permite pacto en contrario de lo normado en el título II, si dicho pacto es más beneficioso para el inquilino. Así pues y en este sentido, continuemos con el ejemplo que hemos planteado.

Por ejemplo, sería perfectamente válido que el arrendatario pudiera desistir del contrato a partir del tercer mes de vigencia del mismo, por ser una cláusula no contraria al artículo 6°, al ser más beneficiosa para el arrendatario que lo que regula la propia norma.

El arrendatario como consumidor

Dentro del ámbito de los arrendamientos de vivienda y fuera del marco del artículo 6º y por tanto de la LAU, **nos encontramos con otro marco de protección hacia el arrendatario que es el que deviene que deviene de su condición de consumidor, cuando este lo sea.**

La Ley General para la Defensa de los Consumidores y Usuarios, de 16-11-2007, se aplica transversalmente *"a las relaciones entre consumidores o usuarios y empresarios"* (art. 2).

> *"Son consumidores o usuarios las personas físicas que actúen con un propósito ajeno a su actividad comercial, empresarial, oficio o profesión" (art. 3).*
>
> *"Se considera empresario a toda persona física o jurídica, ya sea privada o pública, que actúe directamente o a través de otra persona en su nombre o siguiendo sus instrucciones, con un propósito relacionado con su actividad comercial, empresarial, oficio o profesión" (art. 4).*
>
> *"Son contratos con consumidores y usuarios los realizados entre un consumidor o un usuario y un empresario"* (art. 59.1).

Los contratos de arrendamiento de vivienda pueden ser considerados como contratos realizados entre consumidores o usuarios y empresarios.

Conforme a la definición contenida en el art. 4 LDCU, el arrendador de vivienda, ya sea persona física o jurídica, puede ser considerado empresario, cuando contrata el arrendamiento dentro del marco relacionado con su actividad comercial, empresarial, oficio o profesión.

El Tribunal de Justicia de la UE, así lo considera en la STJUE, Sala 1, de 30-5-2013, C-488/2011: «*La Directiva 93/13/CEE del Consejo, de 5 de abril de 1993, sobre las cláusulas abusivas en los contratos celebrados con consumidores, debe interpretarse en el sentido de que..., se aplica a un contrato de arrendamiento de vivienda concluido entre un arrendador que actúa en el marco de su actividad profesional y un arrendatario que actúa para fines ajenos a su actividad profesional*».

Esa protección es especialmente importante en el caso de un contrato de arrendamiento de vivienda concluido entre un particular que actúa con fines privados y un profesional de los negocios inmobiliarios. Las consecuencias de la desigualdad existente entre las partes se agravan en efecto por el hecho de que, desde el punto de vista económico, ese contrato guarda relación con una necesidad esencial del consumidor, a saber, la de disponer de una vivienda.

Pues bien, dentro de este marco legislativo, se establece la necesaria protección de los consumidores como arrendatarios de vivienda.

En definitiva, habrá que estar al elemento formal relativo a la forma en que inserta la cláusula en el contrato, o, dicho de otra forma, deberemos verificar que se trate de una cláusula predispuesta por el arrendador, de conformidad con lo dispuesto en el art. 82 de la LGDCU

En estos supuestos, grandes fondos, es bastante habitual en la práctica se intente imponer por parte del arrendador al arrendatario «su modelo de contrato» y, por tanto, las condiciones del mismo, sin que el arrendatario pueda hacer más que aceptar la misma, siendo en este ámbito fundamental la antedicha normativa de consumo.

Aportación en la materia de la denominada ley por el derecho a la vivienda

Por último, el art. 30 de la Ley por el Derecho a la Vivienda incorpora determinados derechos a las personas demandantes, adquirentes o arrendatarias de viviendas.

Así tras recordarnos sus derechos en el caso de ser consumidores, como anteriormente hemos indicado, la norma nos recuerda con carácter general el derecho de recibir información completa, objetiva, veraz, clara, comprensible y accesible sobre las características de las viviendas, sus servicios e instalaciones, así como las condiciones jurídicas y económicas de su adquisición, arrendamiento, cesión o uso. Esto implica que los agentes que operan en el sector de la edificación, rehabilitación y servicios inmobiliarios deben suministrar información que cumpla con estos requisitos, especialmente cuando se trata de relaciones entre consumidores o usuarios y empresarios.

La denominada ley de vivienda resalta también dentro del referido artículo 30º, que todos los agentes que operen en el sector de la edificación y rehabilitación de viviendas y la prestación de servicios inmobiliarios deben cumplir con el deber de información completa, objetiva, veraz, clara, comprensible y accesible. Esta obligación se aplica a promotores, personas propietarias, agentes inmobiliarios, administradores de fincas y otros titulares de derechos reales que estén facultados para la transmisión, arrendamiento y cesión de viviendas en nombre propio o por cuenta ajena.

Información o publicidad

Por último, **define el término "información o publicidad"** como cualquier forma de comunicación dirigida a demandantes de vivienda, usuarios o al público en general con el fin de promover la transmisión, arrendamiento y cualquier otra forma de cesión de viviendas. Se considera por parte de la Ley de Vivienda, que la información es incompleta, insuficiente o deficiente si omite datos esenciales o si los presenta de manera que pueda inducir a error a los destinatarios o generar repercusiones económicas o jurídicas no admisibles, perturbando el pacífico disfrute de la vivienda en las condiciones habituales de uso.

Jurisprudencia relevante

❒ DECLARACIÓN DE NULIDAD DE LA CLÁUSULA QUINTA DE UN CONTRATO QUE OBLIGA AL ARRENDATARIO A LA REALIZACIÓN DE OBRAS DE CONSERVACIÓN Y MANTENIMIENTO.

Sentencia de Audiencia Provincial de La Coruña de 15-05-2020 *(Tol 8044054)*

«El artículo 6 de la LAU dispone: "Son nulas, y se tendrán por no puestas, las estipulaciones que modifiquen en perjuicio del arrendatario o subarrendatario las normas del presente Título, salvo los casos en que la propia norma expresamente lo autorice." Y el artículo 21 de la LAU establece: "1. El arrendador está obligado a realizar, sin derecho a elevar por ello la renta, todas las reparaciones que sean necesarias para conservar la vivienda en las condiciones de habitabilidad para servir al uso convenido, salvo cuando el deterioro de cuya reparación se trate sea imputable al arrendatario a tenor de lo dispuesto en los artículos 1563 y 1564 del Código Civil. Nada pactado fuera de lo previsto en la Ley de Arrendamientos Urbanos en el alquiler de viviendas y que perjudique al arrendatario tiene validez, a tenor de lo dispuesto en el art. 6 de

LAU, siendo las cláusulas relativas a obras que vayan en contra de establecido en el artículo 21 LAU nulas de pleno derecho y se tienen por no puestas.
Asimismo, la Cláusula Quinta, en su párrafo primero, dispone: «Correrán por cuenta del arrendatario los gastos generales y de mantenimiento, tanto de la casa en su interior, como del exterior, equipamientos y dotaciones, así como de los jardines y terreno unido, cierres, accesos y construcciones, incluyendo los gastos derivados de los servicios y suministros de que está dotado el objeto arrendado, tanto suministro como mantenimiento (electricidad, agua, caldera de calefacción y agua caliente, depuradora, etc). En todo caso, los que se individualizan mediante aparato contador, serán abonados directamente por el mismo, a cuyo fin procederá en las respectivas Entidades a domiciliar el pago de los recibos.»

❒ SENTENCIA SOBRE LA NULIDAD DE DISTINTAS CLÁUSULAS EN EL CONTRATO DE ARRENDAMIENTO.

De especial relevancia, resulta esta sentencia, por el profundo análisis y exhaustivo número de cláusulas en el que analiza su posible nulidad, por lo que se realiza una amplia transcripción de la misma.

Sentencia de la Audiencia Provincial de Madrid de 23-02-2024 *(Tol 10000347)*

«Debemos partir de la consideración de que la LAU está directamente relacionada con la normativa en materia de defensa de consumidores y usuarios, existiendo una clara concordancia entre los artículos 6 y 20 de la LAU con el artículo 10-1-b) y la Disposición Adicional 1ª, II-14 de la Ley General para la Defensa de Consumidores y Usuarios, que califica como cláusulas abusivas las que impongan renuncias o limitaciones de los derechos del consumidor.

En ese sentido la aplicación del artículo 6 de la LAU es prioritaria ante cualquier norma que defienda la autonomía en la contratación, como es el artículo 1254 del CC, pues el artículo 1255 del CC establece como límite a la autonomía negocial que los pactos no sean contrarios a las leyes, de ahí que si en la LAU, en la regulación del arrendamiento de vivienda, existe una norma que claramente establece la nulidad de los pactos que contravengan la ley especial, la conclusión a la que se llega es que si realmente un pacto o convenio infringe [lo dispuesto en el artículo 20 de la LAU] debe declararse su nulidad».

"Cláusula Cuarta: Costas judiciales. Se establece que en caso del impago de una mensualidad el arrendador podrá formular la correspondiente demanda de resolución de contrato por falta de pago, siendo de cuenta del inquilino todos los gastos y costas judiciales, incluidos los honorarios de letrado y procurador (aun cuando no fuera preceptiva su intervención) en caso de condena o consignación."

La sentencia indica en su tenor literal lo siguiente: *«Dicho pacto establece que el impago de cualquier renta permite la resolución del contrato y que será a cargo del arrendatario los gastos judiciales. Se debe indicar que dicho pacto recoge lo indicado en el artículo 27.2 a) de la LAU. Respecto a las costas judiciales, su imposición, en caso de estimación, se regulan por el artículo 394 de la Ley de Enjuiciamiento Civil. Por lo que no cabe declarar la nulidad alegada.»*

En el recurso se alega que las normas procesales que regulan las costas, se imponen en función del vencimiento e incluso la complejidad de la cuestión planteada. Es obvio que la atribución al arrendatario de todos los gastos y costas judiciales es una causa de abusividad evidente, además de contraria a las reglas sobre costas.

Procede la estimación de este motivo porque, precisamente porque la imposición de las costas se rige por lo dispuesto en el art. 394 LEC, la imposición al arrendatario del pago de todos los gastos y costas judiciales, incluidos los honorarios de abogado y procurador cuando su intervención no sea preceptiva, se aparta, en perjuicio del arrendatario, del régimen legal de la imposición de las costas por lo que procede declarar su nulidad.

"Cláusula sexta: gastos de reparaciones. Declaración de conocimiento del estado del piso y de recepción de plena conformidad, que declara y renuncia a reclamación alguna a la propiedad por este concepto. Dice además que, consecuentemente, serán de cuenta del arrendatario todos los gastos de reparaciones que, durante la vigencia del arrendamiento, sean precisas efectuar en el piso arrendado."

La redacción de la cláusula en cuanto que establece que serán de cuenta del arrendatario todos los gastos de reparaciones que, durante la vigencia del arrendamiento, sean precisas efectuar en el piso arrendado, se aparta de la regulación del art. 21 LAU en cuanto que, en el apartado nº 1, impone al arrendador la obligación de realizar, sin derecho a elevar por ello la renta, todas las reparaciones que sean necesarias para conservar la vivienda en las condiciones de habitabilidad para servir al uso convenido, salvo cuando el deterioro de cuya reparación se trate sea imputable al arrendatario a tenor de lo dispuesto en los artículos 1.563 y 1.564 del Código Civil, mientras que en el apartado 4, limita a pequeñas reparaciones que exija el desgaste por el uso ordinario de la vivienda, las que serán de cargo del arrendatario.

Procede declarar su nulidad, en aplicación del art. 6 LAU

"Cláusula Novena. Actualización de la renta sin necesidad de aportación de certificación del Instituto Nacional de Estadística."

La sentencia resuelve que: *«En este caso la parte actora defiende que la cláusula es nula porque no se exige que se aporte la justificación de la actualización. Lo que sucede es que el artículo 18.2 de la LAU establece que: "La renta actualizada será exigible al arrendatario a partir del mes siguiente a aquel en que la parte interesada lo notifique a la otra parte por escrito, expresando el porcentaje de alteración aplicado y acompañando, si el arrendatario lo exigiera, la oportuna certificación del Instituto Nacional de Estadística" Y en el pacto analizado no se limita este derecho de la parte actora. Por tanto no cabe la nulidad alegada»*

No se comparte esta valoración de la Sala toda vez que la redacción de la cláusula, en cuanto que establece que no es necesario, para proceder a la actualización, que se acompañe la certificación del Instituto Nacional de Estadística se aparta de la regulación del art. 18.2 LAU en perjuicio del arrendatario, al que le priva del derecho de poder exigir que se acompañe la referida certificación.

Por tanto, procede estimar este motivo del recurso.

- EL ARTÍCULO 6 DE LA LAU NO ES DE APLICACIÓN EN EL ÁMBITO DE USO DISTINTO DE VIVIENDA SIEMPRE QUE LA RENUNCIA SEA EXPRESA.

Sentencia de la Audiencia Provincial de Soria de 26-09-2006 *(Tol 1027117).* Número Sentencia: 110/2006. Número Recurso: 160/2006

> *«En efecto, como punto de partida teórico para la correcta resolución del recurso de apelación ha de señalarse que el contrato de arrendamiento del que derivan los respectivos derechos y obligaciones de las partes (instrumentado en el doc. nº 1 de los aportados con la demanda rectora del pleito) tenía por objeto un local comercial destinado a "pub" o "bar de copas", y que —tal como expresamente convinieron las partes en la estipulación 7ª del negocio jurídico— se hallaba sujeto a los preceptos contenidos en la vigente LAU de 1994 respecto de los denominados arrendamientos para uso distinto del de vivienda. De acuerdo con el art. 4.3 de este texto legal dichos arrendamientos están sujetos a las normas imperativas de la propia LAU (como son las del Título I, relativo a ámbito de aplicación de las normas, definición del contrato y diferenciación con el arrendamiento de vivienda; Título IV, relativo a la fianza y formalización contractual; y Título V, sobre procesos arrendatarios, ya derogado en virtud de la disposición derogatoria única. 2.6º LECivil de 2000), y se rigen por la voluntad de las partes, con aplicación supletoria de lo dispuesto en el Título III de la ley especial arrendaticia y, en defecto de ésta, de las disposiciones del C.Civil. En todo caso, el juego de la autonomía privada en los arrendamientos urbanos para uso distinto del de vivienda queda sujeto a los límites genéricos derivados del art. 1.255 C.Civil, y además la ley especial requiere que la exclusión de los preceptos del Titulo III de la propia ley se haga "de forma expresa respecto de cada uno de ellos" (art. 4.4), con la finalidad de potenciar la voluntad de las partes y evitar las renuncias genéricas a los derechos legalmente reconocidos.»*

2. CONDICIÓN DE ARRENDAMIENTO DE VIVIENDA Y REPERCUSIONES EN EL ÁMBITO FAMILIAR

Regulación Normativa

Artículo 7. Condición de arrendamiento de vivienda.
«El arrendamiento de vivienda no perderá esta condición, aunque el arrendatario no tenga en la finca arrendada su vivienda permanente, siempre que en ella habiten su cónyuge no separado legalmente o, de hecho, o sus hijos dependientes.»

Cuestiones útiles

INEXISTENCIA DE LA PERDIDA DE CONDICIÓN DE ARRENDAMIENTO DE VIVIENDA POR NO RESIDIR EL ARRENDATARIO EN LA MISMA.

Resulta también muy importante dentro de este marco normativo la referencia al artículo 7°, según el cual el arrendamiento de vivienda, no perderá su condición con las consecuencias que conlleva, aunque el arrendatario no tenga en el inmueble arrendado su vivienda permanente, siempre que en ella habiten su cónyuge no separado legalmente o, de hecho, o sus hijos dependientes.

Debemos recordar que, según hecho, este y siempre según el artículo 1257 del CC, el contrato de arrendamiento solo produce efectos entre las partes y sus herederos, pero no respecto de terceros.

Por tanto, la no existencia de este precepto llevaría necesariamente a la consecuencia de que, si el arrendatario no viviere en la vivienda arrendada, temporalmente y por determinadas circunstancias, como puede ser la de una cambio de residencia temporal por motivos de trabajo, podríamos estar inmersos en una causa de resolución contractual a pesar de que en ella vivieran cónyuge e hijos dependientes, medida que nos parece muy oportuna dentro del marco de las políticas de protección a la familia que deben regir un estado social y de derecho.

En definitiva, el precepto no puede ser más claro otorgando al cónyuge no arrendatario un "ius possidendi" basado en el título arrendaticio de su cónyuge o pareja de hecho, sin que en ningún caso se le atribuya la condición de coarrendatario.

NATURALEZA DEL CONTRATO DE ARRENDAMIENTO EN EL ÁMBITO FAMILIAR.

Cuando vigente un matrimonio se concierta un contrato de arrendamiento de vivienda, que constituye el hogar familiar, por uno solo de los cónyuges, es cierto que se ha discutido si el arrendamiento podría tener la condición de ganancial, llegando la Jurisprudencia a la doctrina de que el cónyuge no contratante carece de la condición de arrendatario.

RELEVANCIA EN ORDEN AL DESISTIMIENTO Y VENCIMIENTO DEL CONTRATO DE ARRENDAMIENTO EN CASO DE MATRIMONIO Y SUPUESTOS DE SEPARACIÓN, DIVORCIO O NULIDAD DEL MATRIMONIO DEL ARRENDATARIO.

La condición de arrendatario plantea también una serie de consecuencias en el ámbito familiar, sobre todo en los casos de desistimiento y vencimiento de contrato y en aquellos supuestos de separación, divorcio y nulidad del matrimonio cuando el uso de la vivienda arrendada es atribuido al cónyuge no arrendatario.

Un desarrollo más extenso de esta cuestión se lleva a cabo en la Capítulo 3, dentro del apartado referente al desistimiento.

3. CESIÓN DEL CONTRATO Y SUBARRIENDO EN ARRENDAMIENTO DE VIVIENDA Y USO DISTINTO DE VIVIENDA (ARTS. 8 Y 32)

Uso de vivienda:

Artículo 8. Cesión del contrato y subarriendo.
«1. El contrato no se podrá ceder por el arrendatario sin el consentimiento escrito del arrendador. En caso de cesión, el cesionario se subrogará en la posición del cedente frente al arrendador.
2. La vivienda arrendada sólo se podrá subarrendar de forma parcial y previo consentimiento escrito del arrendador.
El subarriendo se regirá por lo dispuesto en el presente Título para el arrendamiento cuando la parte de la finca subarrendada se destine por el subarrendatario a la finalidad indicada en el artículo 2.1. De no darse esta condición, se regirá por lo pactado entre las partes.
El derecho del subarrendatario se extinguirá, en todo caso, cuando lo haga el del arrendatario que subarrendó.
El precio del subarriendo no podrá exceder, en ningún caso, del que corresponda al arrendamiento.»

Uso distinto de vivienda:

Artículo 32. Cesión del contrato y subarriendo.
«1. Cuando en la finca arrendada se ejerza una actividad empresarial o profesional, el arrendatario podrá subarrendar la finca o ceder el contrato de arrendamiento sin necesidad de contar con el consentimiento del arrendador.
2. El arrendador tiene derecho a una elevación de renta del 10 por 100 de la renta en vigor en el caso de producirse un subarriendo parcial, y del 20 en el caso de producirse la cesión del contrato o el subarriendo total de la finca arrendada.
3. No se reputará cesión el cambio producido en la persona del arrendatario por consecuencia de la fusión, transformación o escisión de la sociedad arrendataria, pero el arrendador tendrá derecho a la elevación de la renta prevista en el apartado anterior.
4. Tanto la cesión como el subarriendo deberán notificarse de forma fehaciente al arrendador en el plazo de un mes desde que aquéllos se hubieran concertado.»

Cuestiones útiles

Para comenzar indicaremos que en este apartado como en otros del presente manual trataremos conjuntamente, aunque naturalmente diferenciándolos aquellas figuras jurídicas específicas que sean comunes tanto al arrendamiento de vivienda como al de uso distinto de vivienda.

Para entender adecuadamente el contexto del presente artículo, deberemos empezar **por distinguir los conceptos de subarriendo y de cesión, conceptos comunes al ámbito de vivienda y al uso distinto.**

CESIÓN

La cesión de un contrato de arrendamiento conlleva que el cesionario se subroga en los derechos y obligaciones del cedente, antiguo arrendatario, que desaparece de la relación contractual, quedando configurada esta por el arrendador que continúa siendo el mismo y el cesionario que pasa a ocupar el lugar del antiguo arrendatario mediante la cesión.

SUBARRENDAMIENTO

En el subarrendamiento, el subarrendador, o sea el arrendatario, sigue siendo parte de la relación contractual de manera que la relación contractual se configura con tres figuras que cohabitan en el mismo, la del arrendador, la del subarrendador, que permanece arrendado en la vivienda, y la del subarrendatario.

CESIÓN Y SUBARRIENDO EN CASO DE USO DE VIVIENDA

CESIÓN DE VIVIENDA

En materia de arrendamientos de vivienda, el contrato no se va poder ceder sin el consentimiento por escrito del arrendador, aunque la Jurisprudencia viene como es lógico viene admitiendo que pueda acreditarse ese consentimiento del arrendador, si el mismo es indubitado, sin necesidad de que se haya hecho por escrito, mediante la prueba oportuna que lleve a tal conclusión y que será necesario determinar en cada caso.

Por otra parte, y como ya hemos indicado en el caso de que se produzca una cesión, el cesionario se subrogará en la posición del cedente frente al arrendador, desapareciendo el antiguo arrendatario/cedente de la relación arrendaticia.

En este caso y por no ir en perjuicio del arrendatario, no entraría en juego el antedicho artículo 6° de la LAU, y si se podría pactar en el contrato que, si cabe cesión sin el consentimiento del arrendador, cuestión que apenas existe en la práctica, dado el lógico control que el arrendador quiere tener sobre quienes son aquellas personas que habitan su vivienda arrendada.

SUBARRIENDO DE VIVIENDA

Según nos indica el tenor literal del presente artículo, la vivienda solo se va poder subarrendar de forma parcial e igualmente con consentimiento por escrito del arrendador. El primero de los casos no parece ofrecer ninguna duda en su redacción ya que, de subarrendarse en su totalidad, estaríamos hablando de una cesión.

Igualmente, que, en el caso anterior, la Jurisprudencia viene admitiendo como no podría ser de otra manera que, si resulta indubitado el consentimiento del arrendador al subarriendo, aunque este no se haya formulado por escrito, igualmente resultaría válido.

Hemos de tener claro, llegado este punto que la extinción del contrato principal, conlleva necesariamente la extinción del de subarrendamiento, como nos indica el precepto.

Mayor dificultad presenta a nuestro juicio, la siguiente parte del articulado.

Sin embargo, de un análisis detallado del mismo, podemos afirmar que el subarriendo se va a regir por lo dispuesto en el Título II, cuando la parte de la finca subarrendada se destine por el subarrendatario a la finalidad de vivienda indicada en el artículo 2.1.

Si, por el contrario, el fin del subarrendamiento no es del servir de vivienda permanente, si no de uso de una habitación temporalmente o incluso de despacho profesional de una dependencia para un tercero, entonces no sería de aplicación el título II al subarrendamiento, sino que lo sería la voluntad de las partes, al tratarse el fin del subarrendamiento de un uso distinto al de vivienda habitual.

Por otra parte, no podemos olvidar como última cuestión que el precepto indica con meridiana claridad, que el precio del subarriendo nunca podrá exceder del que se corresponda al arrendamiento del que deviene.

CESIÓN Y SUBARRIENDO EN CASO DE USO DISTINTO DE VIVIENDA

CESIÓN

Lo primero que debemos señalar es que los conceptos «cesión» y «traspaso» son similares, es decir, cuando hablemos de cesión de local de negocio nos estamos refiriendo, al conocido popularmente como traspaso de local de negocio. El concepto cesión es el utilizado por la LAU 29/94, y el concepto traspaso es el utilizado por el texto refundido de la LAU del 64, si bien por tradición histórica y sociológica es habitual que los arrendadores y arrendatarios continúen denominando coloquialmente traspaso a la cesión.

Como hemos indicado anteriormente el concepto de cesión o traspaso del arrendamiento de local de negocio, único permitido por la ley en el ámbito del uso distinto, el actual arrendatario desaparece de la relación arrendaticia y su lugar lo ocupará esa tercera persona que se convierte a partir de ese momento en el arrendatario con los mismos derechos y obligaciones pactados en el contrato.

Del articulado se desprende que en los casos en los que en el local se ejerza una actividad empresarial o profesional, y reiteramos, exclusivamente en esta modalidad, por lo que cabe excluir cualquier otra de arrendamiento para uso distinto, la regla es que los arrendatarios cuentan con la posibilidad legal de ceder el contrato de arrendamiento a favor de terceras personas, salvo que, en el contrato se haya prohibido expresamente esta posibilidad, en cuyo caso este pacto prevalece.

A efectos prácticos y bajo la perspectiva de la necesariedad del consentimiento o no del arrendador, deberemos partir de la base de que la ley no lo exige; sin embargo, dada la libertad de pactos siempre referida en este tipo de arrendamientos deberemos acudir a las cláusulas del contrato de arrendamiento y comprobar si figura expresamente prohibida la posibilidad de ceder el local a terceras personas.

En la práctica son escasísimos los contratos que permiten tal facultad, dado que es lógico que el arrendador no quiera perder el control sobre quien es el arrendatario de su local, cuestión que va a ocurrir en el caso de que pueda existir la posibilidad de una cesión sin consentimiento en el contrato, dado que en la mayor parte de los casos como es lógico se comprueba la solvencia del arrendatario, así como otros factores, posibilidad que desaparece caso de autorizar la referida cesión sin el correspondiente consentimiento.

SUBARRENDAMIENTO

En el caso del subarrendamiento como ya explicamos en el apartado referido a vivienda el subarrendador sigue siendo parte de la relación arrendaticia, de modo que esta se configura entre tres personas: arrendador, arrendatario-subarrendador y subarrendatario, quedando supeditado el segundo a la vigencia del primero como ocurre en el caso de las viviendas, de forma tal que la extinción de este, necesariamente extingue simultáneamente la de aquel.

El subarrendamiento en este caso puede ser total o parcial.

Pongamos un ejemplo: Un arrendatario tiene arrendado un local para peluquería en el cual observa que le sobra espacio, y que podría instalar también dentro del mismo local en el espacio sobrante otro lugar para negocio de manicura, pues bien siempre que obtenga el permiso del arrendador o ya lo tenga concedido por contrato puede hacerlo, convirtiendo su negocio en algo más amplio en cuanto a oferta y en una retroalimentación de clientes, siendo este el espíritu que rige este tipo de subarrendamientos parciales en la práctica diaria.

¿Qué ocurre con la renta en los casos de subarrendamiento parcial, total o cesión del negocio?: Pues de nuevo nos encontramos con dos supuestos distintos, cuando no se hay pactado nada en el contrato, si el arrendatario subarrienda parcialmente la finca, el arrendador tendrá derecho a elevar la renta un 10% de la se halle en vigor en ese momento, y del 20% en el caso de producirse la cesión del contrato o el subarriendo total de la finca arrendada. Si en el contrato se ha pactado una cantidad distinta a ella hemos de remitirnos en función de nuevo, al principio de autonomía de voluntad de partes en materia de uso distinto de vivienda.

• NOTIFICACIÓN

El apdo. 4, exige que tanto la cesión como el subarriendo se notifiquen de forma fehaciente al arrendador en el plazo de un mes desde la fecha en que este se hubiera concertado, si estuviera permitido su realización.

Como hemos comentado otras veces al largo de este manual, la fehaciencia en la notificación no exige que se haga a través de notario, por medio de burofax, etc., aunque generalmente siempre resulte lo más recomendable, siendo suficiente con que el arrendador firme un acuse de recibo o responda de forma indubitada a un correo electrónico u a otra forma de comunicación que hubiera podido utilizarse.

Si debemos dejar claro y no existe duda jurisprudencialmente en este caso, es que la no notificación, es causa de resolución del contrato conforme a lo dispuesto en el art. 35° LAU.

• FUSIÓN, TRANSFORMACIÓN O ESCISIÓN DE LA SOCIEDAD ARRENDATARIA

Por último y para concluir es muy importante indicar, que el articulado nos indica expresamente que no se va a reputar cesión el cambio producido en la persona del arrendatario como consecuencia de la fusión, transformación o escisión de la sociedad arrendataria, pero por el contra el arrendador si tendrá derecho a la elevación de la renta prevista en el apartado anterior.

Jurisprudencia relevante

❐ EN CUANTO A LA INTRODUCCIÓN DE TERCEROS EN EL LOCAL O VIVIENDA ARRENDADA, DADA LA NATURALEZA CLANDESTINA QUE SUELE TENER TAL SITUACIÓN, EL TRIBUNAL SUPREMO HA INVERTIDO LA CARGA DE LA PRUEBA

Sentencia de la Audiencia Provincial de Madrid de 10-04-2023 *(Tol 9593116)*. RES:162/2023 REC:151/2022.

«Es por ello que la Ley de Arrendamientos Urbanos de 1994 en su art. 27 establece como causa de resolución contractual la cesión inconsentida.

La doctrina jurisprudencial ha venido sustentando el principio de "inversión de la carga de la prueba" en virtud del cual la introducción de terceros ajenos a la relación arrendaticia ha de ser satisfactoriamente justificada por el arrendatario para destruir la presunción de ilegalidad que lógicamente se deriva de aquella ocupación del local de negocio (Sentencia Tribunal Supremo de 29 febrero 1972 [RJ 1972\1413]).

Para que proceda la resolución del contrato ha de hallarse debidamente acreditado el hecho base, esto es, la introducción de un tercero ajeno al contrato.

Y en orden a esta cuestión debe señalarse que corresponde al demandante (arrendador) acreditar las bases sobre las que fundamenta su pretensión resolutoria, esto es, la introducción de un tercero en el local arrendado, y que, ciertamente, como ello puede verse dificultado por la forma clandestina en que se desarrollan las situaciones, de subarriendo o traspaso al margen de los cauces legales, de ahí que resulta de esencial trascendencia la prueba de presunciones.»

❐ EN CUANTO A LA CESIÓN DE UN CONTRATO DE USO DISTINTO, Y DE ACUERDO CON LA NORMATIVA DE LA LAU, ARTÍCULO 32, LA JURISPRUDENCIA ES TAJANTE EN EL SENTIDO DE QUE, SI NO SE PACTÓ LA PROHIBICIÓN EN EL CONTRATO, PUEDE CEDERSE EL CONTRATO SIN CORTAPISA ALGUNA.

Audiencia Provincial de Córdoba de 22-11-2001 *(Tol 125814)*.

«Este sala entiende que el convenio alcanzado p. y e. y reflejado en el documento de fecha 30/03/1999 es claramente expresivo de un cesión del contrato de arrendamiento de fecha 01/03/1999 cesión que por afectar a un local de negocio, y por tanto a un inmueble en el que se desarrolla una actividad empresarial, en modo alguno requiere, tal y como con indiscutible acierto alega la parte apelante, el consentimiento del arrendador, pues expresamente señala el artículo 32-1 de ley de arrendamientos urbanos que "cuando en la finca arrendada se ejerza un actividad empresarial o profesional, el arrendatario podrá subarrendar la finca o ceder el contrato de arrendamiento sin necesidad de contar con el consentimiento del arrendador».

❐ EL SUBARRENDAMIENTO NO PUEDE TENER MAYOR DURACIÓN QUE LA DEL CONTRATO DE DONDE PROCEDE

Sentencia de la Audiencia Provincial de Madrid de 24-11-2023 (*Tol 9885066*).

«Ya en relación al subarriendo que entiende la apelante, constituye título bastante para legitimar su estancia en la vivienda, debe reiterarse que en el contrato en su día suscrito entre la propiedad y la Sra. Clemencia, en fecha de 1 de agosto de 2006, de arrendamiento, se excluía expresamente el subarriendo o cesión tanto parcial como total de la vivienda. Y en este sentido, la Sra. Clemencia reconoció en su declaración en autos, que no informó a la propiedad de la cesión de una habitación que hizo al hoy recurrente. En todo caso y es más, el mencionado subarriendo, que ya por falta de autorización de la propiedad, no era válido, de forma definitiva quedó extinguido al resolverse el contrato de arrendamiento de la propiedad con la inquilina Sra. Clemencia, según establece el artículo 8 de la LAU, por lo que la ocupación de la vivienda desde dicho momento, septiembre de 2021 por el demandado, careció de todo título a mayor abundamiento. En consecuencia, con lo expuesto, procede desestimar el recurso de apelación interpuesto, y con ello habrá de confirmarse la Sentencia dictada en la instancia en todos sus pronunciamientos»

Capítulo 3

Duración de los contratos de vivienda y de uso distinto de vivienda

1. PLAZO MÍNIMO EN ARRENDAMIENTOS DE VIVIENDA. (ART. 9 y 10)

Regulación Normativa

Artículo 9. Plazo mínimo.

«1. La duración del arrendamiento será libremente pactada por las partes. Si esta fuera inferior a cinco años, o inferior a siete años si el arrendador fuese persona jurídica, llegado el día del vencimiento del contrato, este se prorrogará obligatoriamente por plazos anuales hasta que el arrendamiento alcance una duración mínima de cinco años, o de siete años si el arrendador fuese persona jurídica, salvo que el arrendatario manifieste al arrendador, con treinta días de antelación como mínimo a la fecha de terminación del contrato o de cualquiera de las prórrogas, su voluntad de no renovarlo.

El plazo comenzará a contarse desde la fecha del contrato o desde la puesta del inmueble a disposición del arrendatario si esta fuere posterior. Corresponderá al arrendatario la prueba de la fecha de la puesta a disposición.

2. Se entenderán celebrados por un año los arrendamientos para los que no se haya estipulado plazo de duración o este sea indeterminado, sin perjuicio del derecho de prórroga anual para el arrendatario, en los términos resultantes del apartado anterior.

3. Una vez transcurrido el primer año de duración del contrato y siempre que el arrendador sea persona física, no procederá la prórroga obligatoria del contrato cuando, al tiempo de su celebración, se hubiese hecho constar en el mismo, de forma expresa, la necesidad para el arrendador de ocupar la vivienda arrendada antes del transcurso de cinco años para destinarla a vivienda permanente para sí o sus familiares en primer grado de consanguinidad o por adopción o para su cónyuge en los supuestos de sentencia firme de separación, divorcio o nulidad matrimonial.

Para ejercer esta potestad de recuperar la vivienda, el arrendador deberá comunicar al arrendatario que tiene necesidad de la vivienda arrendada, especificando la causa o causas entre las previstas en el párrafo anterior, al menos con dos meses de antelación a la fecha en la que la vivienda se vaya a necesitar y el arrendatario estará obligado a entregar la finca arrendada en dicho plazo si las partes no llegan a un acuerdo distinto.

Si transcurridos tres meses a contar de la extinción del contrato o, en su caso, del efectivo desalojo de la vivienda, no hubieran procedido el arrendador o sus familiares en primer grado de consanguinidad o por adopción o su cónyuge en los supuestos de sentencia firme de separación, divorcio o nulidad matrimonial a ocupar esta por sí, según los casos, el arrendatario podrá optar, en el plazo de treinta días, entre ser repuesto en el uso y disfrute de la vivienda arrendada por un nuevo período de hasta cinco años, respetando, en lo demás, las condiciones contractuales existentes al tiempo de la extinción, con indemnización de los gastos que el desalojo de la vivienda le hubiera supuesto hasta el momento de la reocupación, o ser indemnizado por una cantidad equivalente a una mensualidad por cada año que quedara por cumplir hasta completar cinco años, salvo que la ocupación no hubiera tenido lugar por causa de fuerza mayor, entendiéndose por tal, el impedimento provocado por aquellos sucesos expresamente mencionados en norma de rango de Ley a los que se atrango de Ley a los que se atribuya el carácter de fuerza mayor, u otros que no hubieran podido preverse, o que, previstos, fueran inevitables.»

Artículo 10. Prórroga del contrato.

«1. Si llegada la fecha de vencimiento del contrato, o de cualquiera de sus prórrogas, una vez transcurridos como mínimo cinco años de duración de aquel, o siete años si el arrendador fuese persona jurídica, ninguna de las partes hubiese notificado a la otra, al menos con cuatro meses de antelación a aquella fecha en el caso del arrendador y al menos con dos meses de antelación en el caso del arrendatario, su voluntad de no renovarlo, el contrato se prorrogará obligatoriamente por plazos anuales hasta un máximo de tres años más, salvo que el arrendatario manifieste al arrendador con un mes de antelación a la fecha de terminación de cualquiera de las anualidades, su voluntad de no renovar el contrato.

2. En los contratos de arrendamiento de vivienda habitual sujetos a la presente ley en los que finalice el periodo de prórroga obligatoria previsto en el artículo 9.1, o el periodo de prórroga tácita previsto en el artículo 10.1, podrá aplicarse, previa solicitud del arrendatario, una prórroga extraordinaria del plazo del contrato de arrendamiento por un periodo máximo de un año, durante el cual se seguirá aplicando los términos y condiciones establecidos para el contrato en vigor. Esta solicitud de prórroga extraordinaria requerirá la acreditación por parte del arrendatario de una situación de vulnerabilidad social y económica sobre la base de un informe o certificado emitido en el último año por los servicios sociales de ámbito municipal o autonómico y deberá ser aceptada obligatoriamente por el arrendador cuando este sea un gran tenedor de vivienda de acuerdo con la definición establecida en la Ley 12/2023, de 24 de mayo, por el derecho a la vivienda, salvo que se hubiese suscrito entre las partes un nuevo contrato de arrendamiento.

3. En los contratos de arrendamiento de vivienda habitual sujetos a la presente ley, en los que el inmueble se ubique en una zona de mercado residencial tensionado y dentro del periodo de vigencia de la declaración de la referida zona en los términos dispuestos en la legislación estatal en materia de vivienda, finalice el periodo de prórroga obligatoria previsto en el artículo 9.1 de esta ley o el periodo de prórroga tácita previsto en el apartado anterior, previa solicitud del arrendatario, podrá prorrogarse de manera extraordinaria el contrato de arrendamiento por plazos anuales, por un periodo máximo de tres años, durante los cuales se seguirán aplicando los términos y condiciones establecidos para el contrato en vigor. Esta solicitud de prórroga extraordinaria deberá ser aceptada obligatoriamente por el arrendador, salvo que se hayan fijado otros términos o condiciones por acuerdo entre las partes, se haya suscrito un nuevo contrato de arrendamiento con las limitaciones en la renta que en su caso procedan por aplicación de lo dispuesto en los apartados 6 y 7 del artículo 17 de esta ley, o en el caso de que el arrendador haya comunicado en los plazos y condiciones establecidos en el artículo 9.3 de esta ley, la necesidad de ocupar la vivienda arrendada para destinarla a vivienda permanente para sí o sus familiares en primer grado de con-

sanguinidad o por adopción o para su cónyuge en los supuestos de sentencia firme de separación, divorcio o nulidad matrimonial.
4. Al contrato prorrogado, le seguirá siendo de aplicación el régimen legal y convencional al que estuviera sometido.»

Duración y prórroga para uso de vivienda

La ley comienza por indicarnos en el artículo 9º que la duración del arrendamiento será libremente pactada por las partes, para introducir a continuación un régimen de prórrogas obligatorio para el arrendador y potestativo para el inquilino.

Dicho régimen de prórrogas vienes establecido en la siguiente forma: Si el tiempo de duración pactado fuera inferior a cinco años, llegado el día del vencimiento del plazo pactado libremente en el contrato, este podrá prorrogarse obligatoriamente a voluntad del arrendatario, por plazos anuales hasta que alcance una duración de cinco años si el arrendador es persona física o siete años, si es persona jurídica.

Las antedichas prórrogas se producen de manera automática, salvo que el arrendatario comunique con un mínimo de treinta días de antelación al arrendador anteriores a la fecha del término pactado o de cualquiera de sus prórrogas, su expresa voluntad de no renovar el contrato.

Parece a nuestro juicio difícil de entender que el legislador distinga entre contratos firmados por arrendadores personas físicas o personas jurídicas. Las personas jurídicas pueden adoptar muy diversas formas y tamaños en cuanto a volumen de propiedades, al igual que puede haber personas físicas con un gran número de viviendas en arrendamiento, mientras otras tengan apenas una, por lo no parece razonable que un arrendamiento sea más o menos duradero, dependiendo de algo tan etéreo como es el hecho de un arrendador sea persona física o jurídica.

En cuanto al cómputo del plazo como "dies a quo" de inicio de contrato, comenzará a computarse desde la fecha del contrato o desde la puesta a disposición del inmueble al arrendatario si esta hubiera sido posterior a la fecha de la firma del contrato. En cualquiera de los casos la Ley si expresa con claridad que la prueba de la puesta a disposición va a corresponder siempre al arrendatario.

En el caso de que no se haya estipulado un plazo de duración al contrato o el mismo sea indeterminado, cuestión contraria a la esencia de un arrendamiento de cosa, que según el artículo 1544 de CC: *"Una de las partes se obliga a dar a la otra el goce o uso de una cosa por tiempo determinado y precio cierto"*, el legislador ha optado por entender que dichos contratos tendrán la duración de un año, siempre teniendo en cuenta el derecho de los arrendatarios a establecer las prórrogas antedichas de hasta cinco o siete años según sea el arrendador persona física o jurídica.

Excepción a las prórrogas

Como excepción a todo lo dicho anteriormente, el artículo 9º.3 de la LAU contempla un único supuesto en el que, bajo la concurrencia de determinadas circunstancias, no se va a dar la prórroga obligatoria del contrato tampoco se da la prórroga obligatoria del contrato.

El articulado, de redacción ciertamente confusa nos indica que si una vez transcurrido el primer año de contrato y siempre que el arrendador sea persona física, nunca jurídica, no procederá la prórroga obligatoria del contrato cuando, al tiempo de su celebración, se hubiese hecho constar en el mismo, de forma expresa, la necesidad para el arrendador de ocupar la vivienda arrendada antes del transcurso de cinco años para destinarla a vivienda permanente para sí o sus familiares en primer grado de consanguinidad o por adopción o para su cónyuge en los supuestos de sentencia firme de separación, divorcio o nulidad matrimonial.

Por tanto, se establecen a modo de resumen las siguientes condiciones para que opere la denegación de prórroga:

1º. Que haya transcurrido al menos un año de vigencia del contrato.

2º. Que el arrendador sea persona física.

3º. Que se hubiese hecho constar en el contrato suscrito la necesidad para el arrendador de ocupar la vivienda arrendada

4º. Y que dicha ocupación lo sea para sí o sus familiares en primer grado de consanguinidad o por adopción o para su cónyuge en los supuestos de sentencia firme de separación, divorcio o nulidad matrimonial, es decir se realiza una enumeración, fuera del marco de la cual no pueden tener acogida otro tipo de personas sea cual sea su relación de parentesco o afinidad con el arrendador.

Forma de denegación de la prórroga:

Es muy importante indicar que, para poder ejercer esta potestad de denegación de prórroga, el arrendador deberá comunicar al arrendatario que tiene necesidad de la vivienda arrendada. Además, y esta cuestión resulta fundamental, deberá especificar la causa o causas por la que se produce la referida denegación, al menos con dos meses de antelación a la fecha en la que la vivienda se vaya a necesitar. El arrendatario estará obligado a entregar la finca arrendada en dicho plazo si las partes no llegan a un acuerdo distinto.

Resulta obvio indicar que, aunque la LAU no nos haga indicación expresa, el requerimiento deberá ser fehaciente, es decir deberá ser cualquier medio que permita probar posteriormente que se ha enviado o que se ha producido la comunicación, el contenido y en cualquier caso la recepción de esta, que no hay que olvidar que, aunque no se haya recogido produce todos sus efectos, siempre que la no recepción sea imputable al arrendatario.

El art. 9.3 de la LAU no cita en qué pueden consistir esas posibles causas de necesidad, pero sobre esta materia existe una abundantísima jurisprudencia.

Entre las causas de necesidad más frecuentes, realizando un análisis jurisprudencial de la materia podemos citar:

a) El aumento de necesidades familiares.

b) La pérdida de la vivienda en la que se venía habitando

c) El traslado de domicilio en cualquiera de sus variantes que no resulte un mero capricho del arrendador, sin una causa de necesidad que lo justifique.

d) El deseo de independencia personal y cese de convivencia con familiares o terceros, e) El contraer matrimonio.

f) Los supuestos de separación o divorcio.

g) Pagar a su vez una renta gravosa para la economía familiar, por circunstancias sobrevenidas a la firma del contrato.

La ocupación debe producirse en el plazo de 3 meses

El legislador, a fin de evitar fraudes de ley y dentro del marco tuitivo en que se desarrolla la LAU prevé expresamente, que si hubieran transcurrido tres meses desde que se extinguió el contrato o desde del efectivo desalojo de la vivienda, si la persona para la que se solicitó la vivienda, siempre dentro de las enumeradas en el párrafo anterior, no hubiera ocupado la misma, el arrendatario tiene la posibilidad de optar, en el plazo de treinta días, entre ser repuesto en el uso y disfrute de la vivienda arrendada por un nuevo período de hasta cinco años, respetando las anteriores condiciones contractuales existentes al tiempo de la extinción. Además de ello se incluye la indemnización de los gastos que el desalojo de la vivienda le hubiera supuesto hasta el momento de la reocupación, o bien ser indemnizado por una cantidad equivalente a una mensualidad por cada año que quedara por cumplir hasta completar cinco años.

Esta última cuestión, tiene una excepción y es que la no ocupación, se hubiera producido por causa de fuerza mayor, entendiéndose por tal, el impedimento provocado por aquellos sucesos expresamente mencionados en norma de rango de Ley a los que se atribuya el carácter de fuerza mayor, u otros que no hubieran podido preverse, o que, previstos, fueran inevitables, en cuyo caso habremos de estar a cada situación en concreto y ser determinado por los tribunales en su caso, si se judicializará el procedimiento con las respectivas cargas de la prueba, artículo 217 de la LEC, aplicables a cada parte.

En cualquier caso, el principal problema para el arrendatario en este tipo de procedimientos según se dice de los frecuentes supuestos jurisprudenciales existentes, suele devenir de la probanza del incumplimiento del arrendador. En tales casos es frecuente recurrir a medios probatorios que suelen ser habituales en este tipo de procedimientos como los estudios de consumo de suministros (electricidad, gas, agua), que son indicativos de la ocupación, así como testificales de los vecinos del inmueble, e incluso y puede resultar muy adecuado dada la importancia del bien en litigio los informes de detectives privados.

Posibilidad de prórrogas voluntarias

Una vez finalizadas las prórrogas obligatorias, la LAU nos indica en el artículo 10 la posibilidad de establecimiento de prórrogas voluntarias que son aquellas que una vez finalizo el periodo de prórroga obligatoria, se producen anualmente hasta un máximo de tres años si el arrendador o arrendatario no se han notificado previamente la finalización del contrato.

Sobre esta cuestión debemos hacer dos puntualizaciones, la primera es que la LAU, introduce este tipo de prórrogas voluntarias a continuación de las obligatorias, no dando paso directamente al régimen de la tácita reconducción, como si ocurre en cualquier otro tipo de arrendamiento distinto al de vivienda habitual, ya sea dentro del marco de la LAU o del Código Civil, y lo hace obviamente por ese carácter tuitivo hacia el arrendatario dentro del marco de vivienda al que nos hemos referido ya en distintas ocasiones.

La otra cuestión es que la Jurisprudencia se haya completamente dividida, sobre el hecho de si dichas prórrogas voluntarias pueden ser renunciadas de antemano, es decir en el propio contrato, al contrario de lo que ocurre con las obligatorias del artículo 9º cuya renuncia sería nula en virtud del artículo 6 de la LAU, como ya hemos indicado en los comentarios al indicado artículo, o por el contrario no es válida su renuncia previa.

Proceso y forma

Una vez finalizado el régimen de prórrogas obligatorias de 5 o 7 años, persona física o jurídica, al que nos hemos referido en el artículo 9.1 de la LAU, el contrato de arrendamiento va a finalizar o no dependiendo de la actuación de las partes, según tres supuestos:

1.- Si el arrendador notifica al arrendatario con una antelación, al menos de 4 meses, su voluntad de no renovar el contrato de arrendamiento finalizará cuando se alcance los 5 años si es persona física o 7 años si es jurídica, el contrato se extinguirá cuando llegue dicha fecha.

2.- Si el arrendatario notifica el arrendador con una antelación, al menos de 2 meses, su voluntad de no renovar el contrato de arrendamiento finalizará cuando se alcance los 5 años si es persona física o 7 años si es jurídica.

3.- En último caso y sin ninguna de las partes notifica la finalización del contrato en los plazos anteriores, el contrato se prorrogará obligatoriamente por plazos anuales hasta un máximo de tres años más, salvo que el arrendatario manifieste al arrendador con un mes de antelación a la fecha de terminación de cualquiera de las anualidades, su voluntad de no renovar el contrato.

Para mayor claridad del lector aplicamos la teoría a un ejemplo práctico: Pongamos por caso un contrato de arrendamiento de vivienda celebrado el 1.10.2018 en el que el arrendador es un particular (persona física) cuya duración por efecto de la aplicación de las prórrogas obligatorias del art. 9 LAU finaliza el 1.10.2023. En el supuesto que nos ocupa, ni arrendador, ni arrendatario, notifico voluntad alguna de no renovar el contrato en los plazos establecidos por la Ley, que recordemos son los de 4 meses el arrendador y 2 meses el arrendatario, el contrato se prorrogará otros 3 años más a voluntad del arrendatario en virtud de lo establecido en el artículo 10.1 de la LAU (prórroga voluntaria), por lo que finalizará el 1.10.2026.

Novedad legislativa: prórrogas en caso de vivienda habitual

La ley 12/2023, de 24 de mayo, por el derecho a la vivienda modificó la Ley 29/1994, de 24 de noviembre, de Arrendamientos Urbanos con el fin de facilitar el acceso a una vivienda digna y adecuada a las personas que tienen dificultades para acceder a una vivienda en condiciones de mercado, favoreciendo la existencia de una oferta a precios asequibles.

Entre otras cuestiones establece prórrogas extraordinarias de los contratos de arrendamiento de vivienda habitual en los siguientes casos:

– ***Para casos de vulnerabilidad social y económica***: En los contratos de arrendamiento de vivienda habitual en los que finalice el periodo de prórroga obligatoria o tácita previsto, podrá aplicarse, previa solicitud del arrendatario, una prórroga extraordinaria del plazo del contrato de arrendamiento por un periodo máximo de un año, durante el cual se seguirá aplicando los términos y condiciones establecidos para el contrato en vigor.

Esta solicitud de prórroga extraordinaria requerirá la acreditación por parte del arrendatario de una situación de vulnerabilidad social y económica sobre la base de un informe o certificado emitido en el último año por los servicios sociales de ámbito municipal o autonómico y deberá ser aceptada obligatoriamente por el arrendador cuando este sea un gran tenedor de vivienda, salvo que se hubiese suscrito entre las partes un nuevo contrato de arrendamiento.

– ***Para zonas de mercado residencial tensionado***: En los contratos de arrendamiento de vivienda habitual, en los que el inmueble se ubique en una zona de mercado residencial tensionado y dentro del periodo de vigencia de la declaración de la referida zona en los términos dispuestos en la legislación estatal en materia de vivienda, finalice el periodo de prórroga obligatoria o tácita previsto, previa solicitud del arrendatario, podrá prorrogarse de manera extraordinaria el contrato de arrendamiento por plazos anuales, por un periodo máximo de tres años, durante los cuales se seguirán aplicando los términos y condiciones establecidos para el contrato en vigor.

Esta solicitud de prórroga extraordinaria deberá ser aceptada obligatoriamente por el arrendador, salvo que se hayan fijado otros términos o condiciones por acuerdo entre las partes, se haya suscrito un nuevo contrato de arrendamiento con las limitaciones en la renta que en su caso procedan, o en el caso de que el arrendador haya comunicado en los plazos y condiciones establecidos, la necesidad de ocupar la vivienda arrendada para destinarla a vivienda permanente para sí o sus familiares en primer grado de consanguinidad o por adopción o para su cónyuge en los supuestos de sentencia firme de separación, divorcio o nulidad matrimonial.

Por último y en cualquiera de las antedichas situaciones al contrato prorrogado, le seguirá siendo de aplicación el régimen legal y convencional al que estuviera sometido.

Duración y prórroga para uso distinto de vivienda

En cuanto a la duración en los contratos de uso distinto de vivienda y teniendo en cuenta la libertad de partes como base del contrato, la LAU no establece plazo alguno, por tanto, será aquel que las partes de mutuo acuerdo decidan, siempre que el mismo no sea indefinidos, tal y como hemos indicado al principio del presente manual, por ser la duración del arrendamiento, esencialmente temporal. Una vez finalizado el mismo y si ninguna de las partes comunicara a la otra su decisión de dar por finalizado el mismo operaría la tácita reconducción, en la forma antedicha, salvo que e expresamente se hubiera pactado una prórroga determinada entre arrendador y arrendatario.

2. TÁCITA RECONDUCCIÓN: (ART. 1566 CC). VIVIENDA Y USO DISTINTO

Una vez concluidas las prórrogas obligatorias o voluntarias en el ámbito del uso de vivienda, entraría en juego en su caso la denominada tácita reconducción como forma de prórroga del contrato, la cual nos viene definida por el **artículo 1.566 del Código Civil**, que indica en su literalidad:

> *«Si al terminar el contrato, permanece el arrendatario disfrutando quince días de la cosa arrendada con aquiescencia del arrendador, se entiende que hay tácita reconducción...»*

Por tanto, si el arrendatario, terminados los antedichos plazos de prórroga voluntaria, continúa quince días en el uso de la vivienda sin que el arrendador le haya notificado que ha finalizado el contrato y que debe desalojar el inmueble, el arrendamiento continuará en vigor, bajo la regulación de dicha figura jurídica.

La tácita reconducción según la Jurisprudencia, supone un nuevo contrato de arrendamiento y la duración de ese nuevo contrato será la que se dispone en el artículo 1.581 del Código Civil:

> *"Si no se hubiese fijado plazo al arrendamiento, se entiende hecho por años cuando se ha fijado un alquiler anual, por meses cuando es mensual, por días cuando es diario".*

Es muy importante indicar que la renovación contractual no se produce según la forma de pago de la renta, sino respecto a su fijación. Así resulta muy habitual el pago de la renta realizado mensualmente, pero ello no implicara que la renovación será mes a mes, sino que hay que estar a como se fije la renta en su conjunto en el contrato. De esta forma si la renta se ha fijado anualmente, aunque el pago sea mensual, la tácita reconducción será año a año, y si se ha fijado mensualmente la tácita reconducción lo será mes a mes.

Por tanto, la tácita reconducción como indicamos, en caso de producirse, da lugar a un nuevo contrato, a un nuevo arrendamiento, integrado, como todo contrato, por su propio consentimiento, objeto y causa (art. 1261 CC). Por ser un contrato nuevo se extinguen necesariamente las garantías, por ejemplo, los avalistas si los hubiere y su plazo no es el mismo del contrato anterior (que ya se consumió), si no como hemos indicado el que otorga el artículo 1581 del Código Civil.

EN CONCLUSIÓN, SE ENTENDERÁ:

1º Un contrato hecho por años cuando se haya fijado un alquiler anual en el contrato anterior, aunque la renta se pague mensualmente

2º Un contrato hecho por meses cuando se haya fijado una renta mensual.

3º Un contrato hecho por días cuando el pago de la renta sea diario, supuesto escasísimo, pero que entendemos necesario explicar porque si bien de forma muy escasa, existe tal forma de fijar el plazo de la renta, aunque el pago sea mensual.

Ejemplo de tácita reconducción en el arrendamiento, con un contrato teóricamente ya finalizado por ser de esta forma más fácil su comprensión.

1) Contrato de arrendamiento de vivienda celebrado el 1 de enero de 2015.

2) Se ha pactado en el contrato que la renta será mensual, a razón de 400 euros mensuales, no habiéndose pactado anualmente pagadera por meses adelantados.

3) El inquilino permaneció en la vivienda los 3 años que la Ley de Arrendamientos Urbanos (LAU) vigente en esa fecha le permitía (artículo 9º LAU), más el año de prórroga que permitía el artículo 10 de la LAU, como prórroga voluntaria, pues ninguna de las partes denunció el contrato de arrendamiento, por tanto, nos encontraríamos en fecha de 1 de enero de 2019.

4) Cuando llega la fecha antedicha el arrendador no le ha comunicado la resolución y el inquilino permanece disfrutando la vivienda quince días más sin recibir noticia alguna, por tanto, se produce la tácita reconducción por meses al haberse fijado mensualmente la renta. Es decir, la vigencia del contrato será de mes a mes, y continuará prorrogándose de esa forma hasta que el arrendador le comunique su deseo de darlo por resuelto, si por el contrario la misma se hubiera pactado de forma anual aunque pagadera mensualmente, la prórroga lo será por un año.

Jurisprudencia relevante

❒ SUPUESTO DE TÁCITA RECONDUCCIÓN

Sentencia de Audiencia Provincial de Alicante de 28-11-2023 *(Tol 9948836).* Número Sentencia: 605/2023

> *«Señalando la STS 184/2021 de 31 de marzo, que: "... Como hemos declarado en la sentencia 530/2018, de 26 de septiembre, la tácita reconducción a que se refiere este precepto "da lugar en realidad a un nuevo contrato de arrendamiento que se perfecciona por el consentimiento tácito de los contratantes". Este consentimiento se entiende producido por la permanencia del arrendatario en el disfrute de la cosa arrendada por el término de quince días una vez finalizada la vigencia temporal del contrato, con la aquiescencia del arrendador que deja pasar dicho plazo desde la extinción sin requerir al arrendatario a fin de que proceda a la devolución de la posesión del inmueble.*
>
> *En la misma sentencia 530/2018, de 26 de septiembre, precisamos que: "se entiende que el citado artículo 1566 CC da por concluso el contrato primitivo de arrendamiento ("si al terminar el contrato", dice textualmente) y por nacido otro en el que se mantienen los pactos que rigieron la anterior relación contractual, salvo el plazo de duración que lógicamente no ha de coincidir —salvo casos especiales— con el inicialmente previsto que, sin duda, podría resultar excesivamente largo para tenerlo en cuenta en un pacto de carácter tácito". Por tanto, la tácita reconducción no provoca una prórroga o ampliación del plazo del mismo contrato anterior.*
>
> *Éste finalizó una vez cumplido el término de su duración "sin necesidad de requerimiento especial" (art. 1581-II CC). La tácita reconducción, en caso de producirse, da lugar a un nuevo con-*

trato, a un nuevo arrendamiento, integrado, como todo contrato, por su propio consentimiento, objeto y causa (art. 1261 CC). Por ser un contrato nuevo se extinguen las garantías y su plazo no es el mismo del contrato anterior (que ya se consumió), sino el establecido supletoriamente por el Código en virtud de la remisión que el art. 1566 CC hace al 1581.».

❒ RESPECTO A LA POSIBILIDAD DE RENUNCIA ANTICIPADA DE LA PRÓRROGA DEL ARTÍCULO 10º, COMO HEMOS INDICADO LA JURISPRUDENCIA SE HAYA DIVIDIDA

Por un lado, la **Sentencia de la Audiencia Provincial de Huelva.** Roj: SAP H 215/2024 (*Tol 10200494*).

«... así se pronuncia la sentencia de la sección 5 de la AP de Asturias de 29-5-2018: "El derecho de prórroga del artículo 10 LAU, en lo que concierne a su inicio, no está establecido en beneficio del arrendatario, al no ser obligatoria para ninguna de las partes que son libres de no continuar con el arriendo. Dice así, siguiendo la SAP Barcelona, Sección 13ª, de 1 de marzo de 2011, que: "Así las cosas deben examinarse si es nulo lo estipulado en el último párrafo de la cláusula segunda, es decir el excluir expresamente la prórroga voluntaria prevista en el art. 10 de la Ley 29/94 y se concluye que tal pacto es perfectamente válido en cuanto que lo establecido en el art. 10 citado es, como se dijo, una prórroga voluntaria. Sentado lo anterior, resta por determinar, si cabe, que esa renuncia a la prórroga voluntaria se establezca anticipadamente, es decir, se establezca en el contrato y no en el momento en que vencen los cinco años estipulados y de carácter obligatorio para el arrendador, y en este aspecto la Sala comparte lo señalado en la sentencia de la Audiencia Provincial de Burgos de 25-4-2006: "La prórroga que establece el artículo 10 de la LAU, a diferencia de la del artículo 9, no está en función exclusiva de los intereses y voluntad del arrendatario, sino de las dos partes contractuales, de manera que el arrendatario no adquiere un derecho unilateral a imponer su voluntad de continuar en el contrato, pasados los cinco años de duración mínima o un plazo superior si superior fue el pactado. Este precepto no establece ninguna forma determinada para notificar la voluntad del arrendador de impedir la prórroga, ni una forma concreta de constancia de la misma ni, en fin, impone más plazo que el mínimo de un mes antes de la finalización, de manera que no excluye que con anterioridad a ese mes se haya manifestado la voluntad contraria. De ahí que quepa, en la sistemática de la Ley de Arrendamientos Urbanos, que la expresión de voluntad contraria a la prórroga del artículo 10 quede expresada incluso en el propio contrato. Por ello, la previsión contractual por la que se deja clara e inequívoca la voluntad del arrendador de no conceder prórroga alguna, en el régimen del artículo 10 de la LAU, no supone una renuncia de derechos del arrendatario ni incide en la sanción de nulidad del artículo 6 de la citada Ley, pues no se modifica en perjuicio del arrendatario la norma legal, sino que justamente se actúa conforme a ella.»

Por el contrario, **la sentencia de la Audiencia Provincial de Barcelona.** Roj: SAP B 7299/2024 (*Tol 10163236*). Esta sentencia concluye con el pronunciamiento contrario, también con cita expresa de otras resoluciones en el mismo sentido:

«La anterior conclusión comporta que deba analizarse la validez de la cláusula contractual de renuncia a lo dispuesto en el artículo 10 de la LAU a la que ya hemos hecho referencia. Y, en este particular, compartimos la conclusión del juzgador a quo respecto a su nulidad. Dicho precepto, en su versión aplicable al contrato de autos por razones de vigencia temporal, establece, en su parte bastante: "1. Si llegada la fecha de vencimiento

del contrato, o de cualquiera de sus prórrogas, una vez transcurridos como mínimo tres años de duración de aquel, ninguna de las partes hubiese notificado a la otra, al menos con treinta días de antelación a aquella fecha, su voluntad de no renovarlo, el contrato se prorrogará necesariamente durante un año más". Este tribunal ya manifestó en sentencia núm. 250/2021 de 16 de abril: "Ciertamente, el contrato prevé de manera expresa la exclusión de la prórroga prevista en el artículo 10 de la LAU. Pero no podemos obviar que, conforme dispone el art. 4.1 y 2 LAU, las normas que regulan el arrendamiento de vivienda tienen carácter imperativo y que el artículo 6 ("Naturaleza de las normas") establece que "Son nulas, y se tendrán por no puestas, las estipulaciones que modifiquen en perjuicio del arrendatario o subarrendatario las normas del presente Título, salvo los casos en que la propia norma expresamente lo autorice". El artículo 10 no faculta a las partes para excluir sus prevenciones, por lo que tratándose de un pacto que modifica (excluye su aplicación) dicho precepto en perjuicio del arrendatario, ha de considerarse un pacto nulo y tenerse por no puesto". Esta misma doctrina se aplicó en la sentencia 593/2023 de 19 de octubre. E idéntica conclusión alcanzó la Sec. 4ª de esta Audiencia Provincial en sus sentencias 346/2021 de 28 de mayo y 270/2023 de 2 de mayo. También la AP de Lleida en su sentencia núm. 269/2022 de 11 de abril, en la que afirma: "Como puede observarse, el presente contrato de arrendamiento evidencia una contradicción, en cuanto a la duración, entre lo estipulado en él y aquello que queda preceptuado en la LAU. Pues bien, ante tal dicotomía se debe concluir que la autonomía de la voluntad en los arrendamientos de vivienda se ve limitada por los parámetros que establece la Ley de manera imperativa en cuanto a la duración de los mismos. En este sentido, esta disfunción no puede tener el alcance que pretende la parte apelante pues la misma se situaría en perjuicio del arrendatario y, en este sentido, debe recordarse lo previsto en el art. 6 de la LAU, en cuanto a los arrendamientos de viviendas, cuando establece que "Son nulas, y se tendrán por no puestas, las estipulaciones que modifiquen en perjuicio del arrendatario subarrendatario las normas del presente Título, salvo los casos en que la propia norma expresamente lo autorice". Y la AP de Navarra en su sentencia 361/2023 de 25 de abril concluye que "Dicha norma (el art. 10 LAU) es de aplicación a pesar de la estipulación contractual que la excluye».

❒ CONTRATOS DE VIVIENDA REALIZADOS COMO USO DISTINTO DE VIVIENDA: FRAUDE DE LEY

Respecto a los contratos de arrendamiento de vivienda en fraude de ley al realizarlos como de temporada, la Jurisprudencia viene entendiendo que los sucesivos contratos realizados por un arrendador al mismo arrendatario realizados con este fin con solución de continuidad en el tiempo son realmente contratos de arrendamientos de vivienda, realizados en fraude de ley para evitar las prórrogas del artículo 9º.

Audiencia Provincial de Les Illes Balears, de 19-02-2020 *(Tol 8282830)*. RES:62/2020 REC:639/2019.

«En la demanda inicial, de desahucio por falta de pago de la renta y de reclamación de rentas, que ha quedado reducida a la reclamación de rentas dado que se entregaron las llaves de la vivienda el 3 de abril de 2018, expone la parte demandante que en fecha 1 de mayo de 2015 firmó un contrato de arrendamiento sobre la vivienda objeto del procedimiento, con una duración pactada hasta el 31 de octubre de 2015 y una renta mensual de 1.000 euros.

Se acompañan con la demanda los contratos y, a los efectos de lo que es objeto de resolución en el procedimiento, la comunicación recibida del letrado de los arrendatarios en fecha 27 de abril de 2017, en ella se comunica su consideración de que los sucesivos contratos de arrendamiento como celebrados en fraude de ley, pues se pretende que sean contratos de arrendamiento de temporada lo que en realidad son arrendamiento de vivienda habitual de los arrendatarios. Es por ello por lo que consideran que se encuentra prorrogado de forma legal, hasta que transcurran tres años desde la firma del primero de ellos de forma ininterrumpida el 1 de mayo de 2015.»

❒ RESPECTO DEL OTORGAMIENTO DE UN PLAZO DE CORTESÍA PARA EL DESALOJO DESPUÉS DE HABER REALIZADO LA DENUNCIA DEL CONTRATO, INCLUSO POR ESCRITO, NO PUEDE SUPONER NUNCA UN ACOGIMIENTO A UNA NUEVA PRÓRROGA

Audiencia Provincial de Barcelona de 25-10-2019 *(Tol 7575530)*

«El art. 10 de la Ley 29/1994, de 24 de noviembre, de Arrendamientos Urbanos, en su redacción original establece que "Si llegada la fecha de vencimiento del contrato, una vez transcurridos como mínimo cinco años de duración de aquél, ninguna de las partes hubiese notificado a la otra, al menos con un mes de antelación a aquella fecha, su voluntad de no renovarlo, el contrato se prorrogará obligatoriamente por plazos anuales hasta un máximo de tres años más, salvo que el arrendatario manifieste al arrendador con un mes de antelación a la fecha de terminación de cualquiera de las anualidades, su voluntad de no renovar el contrato.

Al contrato prorrogado, le seguirá siendo de aplicación el régimen legal y convencional al que estuviera sometido." En el presente caso, la parte apelante no discute la realidad del contrato, suscrito el pasado 1 de junio de 2013 en el que se estableció un plazo de duración de cinco años a contar desde el 31 de mayo de 2013.

Reconoce que recibió el burofax de 8 de febrero de 2018 comunicando la voluntad del arrendador de no renovar el contrato y que esta comunicación se hizo en plazo, por lo que no es necesaria ninguna explicación adicional para entender válidamente comunicada por la parte actora su voluntad de no prorrogar el contrato, debido a que se ajusta perfectamente a las prescripciones legales.

Distinto de ello es el acuerdo de 31 de mayo de 2018 al que llegaron las partes y que adjuntaron como anexo al contrato de arrendamiento. Este pacto prorrogaba el contrato por un plazo de tres meses, es decir, hasta el día 31 de agosto de 2018. El anexo, en modo alguno invalida la voluntad del arrendador manifestada en el burofax de febrero de 2018 sino que, al contrario, alargaba por un periodo limitado de tiempo la vida del contrato (tres meses), posponiendo su finalización al 31 de agosto de 2018, pero manteniendo la intención ya expresada de finalizar el contrato y evitando la prórroga del art. 10 de la Ley de Arrendamientos Urbanos.

Téngase en cuenta que, conforme al art. 1281 del Código Civil "Si los términos de un contrato son claros y no dejan duda sobre la intención de los contratantes, se estará al sentido literal de sus cláusulas" y que el art. 1282 del mismo texto legal "Para juzgar de la intención de los contratantes, deberá atenderse principalmente a los actos de éstos, coetáneos y posteriores al contrato", es evidente que el sentido literal del burofax y del anexo, así como la intención de la propiedad del inmueble coinciden. Del anexo de 31.05.2018 (documento número 4 de la demanda) se lee en el manifiesto III que el contrato finaliza con fecha 31.05.2018 y que (manifiesto IV) por ello, la Sra. Gregoria solicita una prórroga de tres meses al vencimiento del contrato, motivo por el que pactan su prórroga hasta el plazo de 31.08.2018 dando por notificada en este acto del vencimiento del contrato a la arrendataria.

Lo expuesto conduce a la íntegra desestimación del recurso de apelación.»

❒ RESPECTO DE LA IMPOSIBILIDAD DE LA EXTENSIÓN DEL ARRENDAMIENTO MÁS ALLÁ DEL USUFRUCTO EN CUANTO A SU DURACIÓN:

Audiencia Provincial de Álava *(Tol 1996942)*

> *«En esencia la tesis de la recurrente es que el usufructo no se extingue en la fecha que indica el contrato de arrendamiento, pues la estipulación segunda del contrato de usufructo convenido entre propietario y SGVPA, del que trae causa la relación locaticia, autoriza a la prórroga del usufructo. Efectivamente en la cláusula citada, denominada plazo, se señala que "en el supuesto de que transcurra el plazo del contrato de arrendamiento posterior sin que el inquilino haya desalojado la vivienda y siga ocupándola sin título alguno, el usufructo quedará prorrogado desde ese momento por periodos consecutivos de TRES MESES (3 meses), prorrogables igualmente de forma automática, hasta la fecha en que la vivienda quede a disposición del propietario".*
>
> *Sin embargo, el arrendador no puede disponer de más tiempo la cosa que da en arrendamiento porque su título es un usufructo limitado temporalmente. No hay justificación para pretender que el mismo dura la vida del usufructuario, porque además de ser una sociedad, de duración ilimitada, es perfectamente válido convenir una duración concreta como previene el art. 469 del Código Civil (CCv).»*

❒ RESPECTO A LA DENEGACIÓN DE PRÓRROGA UNO DE LOS CONCEPTOS MÁS UTILIZADOS ESTADÍSTICAMENTE, ES EL DE DESEO DE VIDA INDEPENDIENTE DEL ARRENDADOR O SUS DESCENDIENTES, EN ESTE SENTIDO Y PARA LA DEFINICIÓN DE TAL CONCEPTO:

Audiencia Provincial de Les Illes Balears (*Tol 2465872*)

> *«La sentencia impugnada respeta plenamente, y, además aplica la doctrina de esta Sala (STS 18 de marzo de 2010 (RJ 2010, 3909), entre las más recientes) surgida en torno al concepto de causa de necesidad capaz de impedir la prórroga forzosa del arrendamiento, que considera que esta necesidad debe ser entendida como no forzosa, obligada o impuesta por causas ineludibles, sino lo opuesto a lo superfluo y en grado superior a lo conveniente, lo que constituye un medio adecuado para un fin lícito. En definitiva, el recurso de casación debe ser desestimado.»*

Así pues, el deseo de vida independiente es causa bastante de necesidad a los efectos de denegación de la prórroga forzosa, siempre y cuando este deseo responda a una seriedad de propósito y concurran circunstancias personales y económicas que hagan viable esa vida independiente, en la medida en que a través de ese deseo de desarrollo de la vida familiar y económica con independencia se posibilita el goce del derecho fundamental al libre desenvolvimiento de la personalidad del artículo 10.1 de la Constitución.

Ahora bien, como se ha expuesto, es preciso, para que exista el supuesto digno de protección, que ese deseo de vida independiente sea firme y serio, no responda a un mero capricho de ocupación de la vivienda esporádica o no habitual, y que concurran una serie de circunstancias personales —edad adecuada, disponibilidad de recursos económicos—, que permitan de hecho materializar ese deseo, pues nadie puede ser obligado a mantener una convivencia no deseada, que necesariamente no tiene porqué venir motivada por la existencia de conflictos familiares.

❒ DERECHO A INDEMNIZACIÓN POR NO OCUPAR LA VIVIENDA UNA VEZ DENEGADO EL DERECHO DE PRÓRROGA PESE A LA ALEGACIÓN DE IMPOSIBILIDAD POR GRAVE ENFERMEDAD DEL PADRE DEL DEMANDANTE:

Audiencia Provincial de Cádiz DE 25-09-2012 *(Tol 2671153)*

«En el hecho enjuiciado, queda acreditado que el padre de la arrendadora sufría de la enfermedad de Alzheimer GDS 4, que empeoró, llegando a episodios tusígenos con abundante expectoración, aunque aparece en el informe clínico fechado el 25 de noviembre de 2010, entendemos que dicho empeoramiento se produjo meses antes, requiriéndose al enfermo en el hospital para la práctica de pruebas médicas que motivase que, la arrendadora no ocupase totalmente la vivienda por justa causa. No es que consideremos que haya existido justa causa para la no ocupación. En tal caso hubiéramos desestimado la demanda. En el supuesto enjuiciado observamos que no existe mala fe, abuso o mala fe de la arrendadora, sino que estaba mediatizada por la enfermedad que sufría su padre, que produce normalmente inestabilidad en las familias que los tienen que soportar y atender por amor, máximo cuando son sus descendientes.

La parte arrendadora no debió entregar las llaves del piso litigioso a una agencia inmobiliaria, pues con esta actuación, se desprende que quiera alquilar la vivienda, debiendo habérselo comunicado con anterioridad a la parte demandante por si tenía intención de alquilar de nuevo su vivienda.

Consideramos que la parte arrendadora no quiso, con la excusa de la enfermedad del padre, extinguir el contrato de arrendamiento que le ligaba con la parte demandante, y buscar un nuevo arrendamiento con un incremento de Renta de 100 euros. La parte arrendadora tenía ocupada la vivienda con un inquilino de trabajo estable, por lo que crea un ingreso seguro, ante la incertidumbre de si ocupaba de nuevo su vivienda.»

❒ RESPECTO DE LA IMPERATIVIDAD DE LOS REQUISITOS EN LA FORMA Y FONDO DE LA DENEGACIÓN POR NECESIDAD:

Audiencia Provincial de Barcelona de 15-05-2020. Roj: SAP B 2906/2020 (*Tol 7951256*)

«Del citado precepto podemos destacar su carácter imperativo que se refleja, en lo que concierne al presente procedimiento, en tres obligaciones esenciales, que ya explicamos en sentencia de esta misma sección de 7 de febrero de 2019:

– No procederá la prórroga obligatoria del contrato si, una vez transcurrido el primer año de duración del mismo, el arrendador comunica al arrendatario que tiene necesidad de la vivienda arrendada. Por tanto, es un requisito necesario para denegar la prórroga del contrato que haya transcurrido un año de duración del contrato de arrendamiento.

– Debe comunicarse al arrendatario que el arrendador tiene necesidad de la vivienda arrendada para destinarla a vivienda permanente para sí o sus familiares en primer grado de consanguinidad o por adopción o para su cónyuge en los supuestos de sentencia firme de separación, divorcio o nulidad matrimonial.

– La referida comunicación deberá realizarse al arrendatario al menos con dos meses de antelación desde la fecha en la que la vivienda se vaya a necesitar.
Se trata de unos requisitos imperativos y esenciales para que el requerimiento sea válido y eficaz. La comunicación debe contener suficientemente detalladas las circunstancias de hecho que sirven de base a la denegación de la prórroga y debe cumplir los requisitos formales de la misma. No porque se trate de simples formalidades, sino porque garantizan los derechos del arrendatario, para que disponga de un tiempo mínimo de residencia en la finca arrendada (un mínimo de un año), para que tenga tiempo suficiente para buscar otro lugar en el que vivir (un plazo de preaviso de dos meses) y para que conozca las necesidades exactas del arrendador. Por tanto, el citado requerimiento no puede entenderse como un mero trámite burocrático, sino un auténtico requisito de procedibilidad con finalidad informadora y garantista para el arrendatario sobre la situación del contrato, con un contenido mínimo inderogable y con unos plazos imperativos. Este es el hecho fundamental que debe acreditarse: la necesidad del arrendador. Nuestro ordenamiento jurídico no establece una disputa sobre cuál de las dos partes, arrendador o arrendatario, necesita más la vivienda o a cuál de los dos perjudica menos la pérdida del uso del piso. Es evidente que en este caso y en todos los casos similares existe una colisión de intereses entre ambas partes, pero la norma se centra solamente en acreditar la necesidad de la vivienda por parte del arrendador. En este sentido, la ratio legis de esta norma es proteger el derecho del arrendador/propietario necesitado de una vivienda por encima del arrendatario que pretende prorrogar su derecho. Este conflicto entre el propietario y el arrendatario se decanta en favor del propietario cuando este último demuestre, cumpliendo con los requisitos legales, la necesidad de la vivienda en disputa por aumento de sus necesidades familiares.»

❒ RESPECTO A LA NECESIDAD DE CLÁUSULA CONTRACTUAL QUE PREVEA EXPRESAMENTE LA DENEGACIÓN DE PRÓRROGA CASO DE NECESIDAD.

Órgano: Audiencia Provincial de Palmas de Gran Canaria (Las) de 02-02-2024. Roj: SAP GC 763/2024 (*Tol 10178131*)

«Pues bien, en el caso que nos ocupa no se hace mención alguna en el contrato a que el arrendador se reserve el derecho a denegar la prórroga forzosa del contrato al arrendatario por necesidad de la vivienda. Con independencia de que la necesidad de la vivienda pueda ser o no sobrevenida a la celebración del contrato (lo que parece ha de entenderse como posible ya que si fuera coetánea a la celebración del mismo no se concertaría el contrato, y los hechos que pueden dar lugar a la necesidad de usar la vivienda el propietario o sus familiares cercanos pueden ser muy diversas y no previsibles) lo cierto es que el arrendador no se reserva el derecho a denegar la prórroga por dicha causa en los términos que prevé el art. 9,3 de la LAU y que con la redacción vigente de este precepto a la fecha de concertación del contrato sin pactarse esa reserva simplemente no tiene el arrendador derecho a denegar las prórrogas legalmente previstas en el art. 10 de la LAU (cuya exclusión no le cabe pactar, siendo el pacto nulo de pleno derecho por ser la exclusión de la aplicación del art. 10 de la LAU un pacto contrario a una norma imperativa). No teniendo derecho a denegar la prórroga resulta irrelevante que el propietario tenga en el momento de presentarse la demanda necesidad de usar la vivienda: habrá de esperar el transcurso de las prórrogas legalmente previstas o llegar a un acuerdo con el arrendatario.»

3. DESISTIMIENTO DE LOS CONTRATOS. SUPUESTO ESPECIAL DE DESISTIMIENTO Y VENCIMIENTO EN CASO DE MATRIMONIO O CONVIVENCIA DEL ARRENDATARIO DE VIVIENDA. (ARTS. 11 Y 12). DESISTIMIENTO DE LOS CONTRATOS EN EL USO DISTINTO DE VIVIENDA

3.1. Desistimiento en general

Regulación Normativa

Artículo 11. Desistimiento del contrato.

«El arrendatario podrá desistir del contrato de arrendamiento, una vez que hayan transcurrido al menos seis meses, siempre que se lo comunique al arrendador con una antelación mínima de treinta días. Las partes podrán pactar en el contrato que, para el caso de desistimiento, deba el arrendatario indemnizar al arrendador con una cantidad equivalente a una mensualidad de la renta en vigor por cada año del contrato que reste por cumplir. Los períodos de tiempo inferiores al año darán lugar a la parte proporcional de la indemnización.»

Cuestiones útiles

DESISTIMIENTO EN EL ARRENDAMIENTO DE VIVIENDA

1° Que esta legislación es aplicable tan solo a los contratos de arrendamiento de vivienda habitual.

2° Que para poder ejercer la facultad resolutoria unilateral por parte del arrendatario se hace necesario que hayan transcurrido al menos seis meses de duración del contrato.

3° Que el arrendatario debe comunicar fehacientemente su voluntad de desistir al arrendador con una antelación mínima de 30 días al momento en que quiera hacer efectiva esa resolución y hacerlo de forma fehaciente.

Si se cumplen los condicionantes anteriores, el inquilino podrá desistir. Esta facultad de resolución, legalmente reconocida al arrendatario, no puede ser excluida, en modo alguno, por voluntad de las partes mediante pacto, de conformidad con lo preceptuado por el artículo 6° de la propia Ley de Arrendamientos Urbanos, anteriormente ya desarrollado, ni pactar una de mayor cuantía, al causar un perjuicio efectivo al arrendatario, en función del antedicho artículo 6°.

El antedicho artículo 11° nos deja también dos cuestiones muy claras y de suma importancia, la primera es que solo en caso de pacto en el contrato, el arrendador tendrá derecho a indemnización, de forma que, si no se pacta, el arrendador no tendrá derecho a indemnización alguna por el desistimiento, y la segunda es que dicha indemnización nunca podrá ser superior a una mensualidad de renta por año de contrato y que los tiempos inferiores al año darán lugar a la parte proporcional, es decir a lo preceptuado en el artículo 11°.

Jurisprudencia relevante

❐ REGULACIÓN ESPECÍFICA DE LA INDEMNIZACIÓN DADA POR EL PROPIO ARTÍCULO 11º DE LA LAU PARA EL ARRENDAMIENTO DE VIVIENDA.

Audiencia Provincial de Madrid DE 24-05-2016 *(Tol 5815803)*. Número Sentencia: 190/2016 Número Recurso: 83/2016

> *«La actual LAU de 1994 sólo regula el desistimiento unilateral del arrendatario a propósito de arrendamientos de vivienda, no para uso distinto de vivienda, en su art. 11, en cuya redacción actual se contempla la posibilidad de pactar para esos supuestos una indemnización a cargo del arrendatario de una mensualidad de renta por cada año que reste por cumplir. Es decir, el desistimiento unilateral en arrendamiento de vivienda, no se asocia a la obligación automática del arrendatario de pagar la totalidad de la renta por todo el plazo que reste de cumplimiento, sino que provoca el pago de una indemnización, prevista por el propio artículo 11*
> *El desistimiento del contrato en el ámbito del arrendatario de vivienda es un derecho otorgado por la propia LAU que no viene necesitado de una justificación.»*

❐ EN EL ÁMBITO DEL DESISTIMIENTO DE VIVIENDA, LAS PARTES NO TIENE CAPACIDAD DE DISPOSICIÓN SOBRE LO NORMADO EN EL ARTICULADO 6.

Sentencia de la Audiencia Provincial de Navarra de 30-07-2021 *(Tol 8626008)*. Número Sentencia: 1068/2021 Número Recurso: 1139/2020

> *«Por ello no es relevante el debate desarrollado entre las partes respecto a las consecuencias de la carta remitida por los arrendatarios a la arrendadora manifestando resolver el contrato con fecha 30 de noviembre de 2018, si bien entendemos que la facultad de desistimiento regulada en el art. 11 LAU, tras su reforma en 2013, otorga un poder potestativo al arrendatario que no precisa de justificación alguna para ser ejercitado ni requiere de la concurrencia de una justa causa, resultando indiferente el motivo que se alegue; tal desistimiento se contempla también en el art. 26 LAU para el caso de inhabitabilidad de la vivienda para la realización de "obras de conservación", lo que no es sino expresión del carácter conmutativo de la obligación de pago de la renta respecto al uso del inmueble objeto de arrendamiento.*
> *En el ámbito del desistimiento de vivienda, las partes no tiene capacidad de disposición sobre lo normado en el articulado 6, tanto indemnización, como tiempo o forma en la que puede realizarse.»*

3.2. *Desistimiento y vencimiento en caso de matrimonio o convivencia del arrendatario*

Regulación Normativa

Artículo 12. Desistimiento y vencimiento en caso de matrimonio o convivencia del arrendatario.

«1. Si el arrendatario manifestase su voluntad de no renovar el contrato o de desistir de él, sin el consentimiento del cónyuge que conviviera con dicho arrendatario, podrá el arrendamiento continuar en beneficio de dicho cónyuge.
2. A estos efectos, podrá el arrendador requerir al cónyuge del arrendatario para que manifieste su voluntad al respecto.
Efectuado el requerimiento, el arrendamiento se extinguirá si el cónyuge no contesta en un plazo de quince días a contar de aquél. El cónyuge deberá abonar la renta correspondiente hasta la extinción del contrato, si la misma no estuviera ya abonada.
3. Si el arrendatario abandonara la vivienda sin manifestación expresa de desistimiento o de no renovación, el arrendamiento podrá continuar en beneficio del cónyuge que conviviera con aquél siempre que, en el plazo de un mes de dicho abandono, el arrendador reciba notificación escrita del cónyuge manifestando su voluntad de ser arrendatario.
Si el contrato se extinguiera por falta de notificación, el cónyuge quedará obligado al pago de la renta correspondiente a dicho mes.
4. Lo dispuesto en los apartados anteriores será también de aplicación en favor de la persona que hubiera venido conviviendo con el arrendatario de forma permanente en análoga relación de afectividad a la de cónyuge, con independencia de su orientación sexual, durante, al menos, los dos años anteriores al desistimiento o abandono, salvo que hubieran tenido descendencia en común, en cuyo caso bastará la mera convivencia.»

Artículo 15. Separación, divorcio o nulidad del matrimonio del arrendatario.
«1. En los casos de nulidad del matrimonio, separación judicial o divorcio del arrendatario, el cónyuge no arrendatario podrá continuar en el uso de la vivienda arrendada cuando le sea atribuida de acuerdo con lo dispuesto en la legislación civil que resulte de aplicación. El cónyuge a quien se haya atribuido el uso de la vivienda arrendada de forma permanente o en un plazo superior al plazo que reste por cumplir del contrato de arrendamiento, pasará a ser el titular del contrato.
2. La voluntad del cónyuge de continuar en el uso de la vivienda deberá ser comunicada al arrendador en el plazo de dos meses desde que fue notificada la resolución judicial correspondiente, acompañando copia de dicha resolución judicial o de la parte de la misma que afecte al uso de la vivienda.»

Desistimiento y vencimiento en caso de matrimonio o convivencia

El precepto cuyo estudio va a ocuparnos a continuación es reflejo y consecuencia de una de las preocupaciones que, en los últimos años y siguiendo los designios de los artículos 39.1, y 47 de la Constitución de 1978, ha inquietado al legislador español, si bien dentro de un movimiento más general que ha afectado a gran parte de las legislaciones europeas: La protección de la vivienda familiar.

Concretamente, es esta idea la que fundamentó ya las normas contenidas en los artículos 1.320, 1.321, 96 o 103 del Código Civil, fruto de las recientes reformas del Derecho de Familia, cuya regulación se ve completada por lo dispuesto en los artículos 12 y 15 de la Ley de Arrendamientos Urbanos de 24 de noviembre de 1994.

Adelantando lo que más detalladamente indicaremos con posterioridad, baste apuntar en estas consideraciones generales que la protección a la vivienda familiar se lleva a cabo en todos los supuestos mediante la concesión al cónyuge o compañero no titular del arrendamiento de la facultad de subrogarse en la relación arrendaticia, aunque solo en el caso del artículo 12º porque incompresiblemente queda excluido en el 15º, de modo que si la ejercita debidamente el contrato del que pasará a ser arrendatario será exactamente el mismo que aquel en el que anteriormente figuraba como tal el cónyuge o compañero que desistió, o llevó a cabo el abandono, lo que implica que el arrendamiento durará sólo el tiempo que reste para completar el plazo inicialmente pactado y en las mismas condiciones en que se acordaron inicialmente con el arrendador.

Supuestos que concurren en el precepto:

El texto legal nos realiza una exégesis del arrendamiento de viviendas y los derechos del cónyuge o conviviente en caso de que el arrendatario decida no renovar el contrato o abandone la vivienda. Del referido texto podemos establecer el siguiente desglose:

1. CONTINUIDAD DEL ARRENDAMIENTO EN BENEFICIO DEL CÓNYUGE

Si el arrendatario decide no renovar el contrato de arrendamiento dentro del plazo de las prórrogas obligatorias o, en su caso, desistir de él antes de que finalice el tiempo pactado, manifestándolo al arrendador, podrá el cónyuge o pareja de hecho, continuar con el arrendamiento en las mismas condiciones contractuales.

2. REQUERIMIENTO DEL ARRENDADOR AL CÓNYUGE

Para ello el arrendador una vez notificada por el arrendatario tal decisión tiene la opción de requerir al cónyuge del arrendatario para que manifieste su voluntad respecto a si desea continuar con el arrendamiento.

El cónyuge tiene un plazo de 15 días para responder a este requerimiento.

La consecuencia de no responder dentro de los 15 días, es la extinción. No obstante, el cónyuge estará obligado a pagar la renta correspondiente hasta la fecha de extinción del contrato, en caso de que dicha renta no hubiera sido abonada previamente.

– Si se produce el abandono directo del arrendatario de la vivienda por parte del arrendatario sin notificación al arrendador, esta situación genera un derecho al cónyuge que convivía con el arrendatario de notificar por escrito al arrendador, dentro del plazo de un mes desde el abandono del arrendatario, su intención de convertirse en el nuevo arrendatario. Esto implica que el cónyuge asumiría todas las obligaciones y derechos que tenía el arrendatario original.

– **Consecuencia de no notificar**: Si el cónyuge no envía esta notificación dentro del plazo de un mes, el contrato de arrendamiento se extinguirá automáticamente. Además, el cónyuge quedará obligado a pagar la renta correspondiente al mes en el que se produjo el abandono.

3. APLICACIÓN A CONVIVIENTES EN RELACIONES ANÁLOGAS AL MATRIMONIO

El artículo extiende la misma protección que a los cónyuges a aquellas personas que han convivido con el arrendatario en una relación estable de afectividad similar al matrimonio, independientemente de su orientación sexual.

• REQUISITOS PARA APLICAR EL REFERIDO DERECHO:

Tiempo de convivencia: La convivencia debe haber sido continua y permanente durante al menos dos años antes del momento en que el arrendatario desista o abandone la vivienda, teniendo la carga de la prueba quien pretende ostentar el derecho.

Excepción: Si el arrendatario y la persona conviviente tienen descendencia en común (hijos), no será necesario cumplir con el requisito de los dos años de convivencia. En este caso, basta con la mera convivencia, es decir, no importa si han vivido juntos durante menos tiempo.

Consecuencia: Al igual que en el caso de los cónyuges, esta persona podrá continuar con el contrato de arrendamiento bajo las mismas condiciones si el arrendatario decide desistir o abandona la vivienda.

Separación, divorcio o nulidad del matrimonio del arrendatario

Respecto del artículo 15º nos exige dos requisitos para la entrada en vigor de los efectos de mismo, es decir "pasar a ser titular del contrato".

1) Existencia de una resolución judicial: que puede ser tanto una Sentencia como un Auto, que puede devenir de tres tipos de procedimientos, y en cualquier fase de los mismos, el de nulidad, el de matrimonio o el de separación, excluyendo de esta forma de manera incompresible a las parejas de hecho, máxime cuando si aparecen protegidas en otros artículos como el 7º, 12º o 16º pero no el presente, lo cual podríamos entender como un olvido del legislador que debería corregir con carácter inmediato, al carecer de sentido jurídico su exclusión en el contexto de la LAU, si bien es cierto que van pasando las sucesivas reformas de la LAU, que sin que el referido cambio, se produzca, por lo no es tampoco descartable, aunque si extraño, de que no se trate de un olvido.

2) Que la resolución a la que hemos hecho referencia debe atribuir al cónyuge no arrendatario el uso de la vivienda arrendada de forma permanente o en un plazo superior al plazo que reste por cumplir del contrato de arrendamiento o, como decíamos con anterioridad.

El problema puede suscitarse en el caso de que la atribución del uso de la vivienda sea modificada por una resolución posterior, bien porque la medida adoptada por el auto o sentencia, sean revocadas por una resolución posterior, en estos casos, para mayor perturbación del arrendador, se estará produciendo una nueva subrogación amparada legalmente, sufre de alguna forma los avatares de un proceso matrimonial al que es ajeno en cuanto a la atribución de la vivienda que tiene arrendada, si bien como hemos indica deriva del interés superior de las políticas de protección a la familia.

❒ Notificación al arrendador

Aparece también como preceptiva la notificación al arrendador, por parte del cónyuge no arrendatario comunicando su voluntad expresa de continuar en la vivienda, acompañando copia de la resolución o de la parte de la misma que afecte al uso de la vivienda, y debe hacerlo necesariamente en un plazo máximo de dos meses, desde que le es notificada la Resolución.

No parece lógico por otra parte que deba remitirse la misma resolución judicial o incluso parte de esta, pues en condiciones normales va a contener datos de carácter personal, por lo que entendemos perfectamente factible el envío de una certificación realizada por el letrado de la administración de justicia o bien por un notario que, de fe del contenido de esa parte de la resolución, que es en realidad el único dato que afecta al arrendador en el caso que nos ocupa a los fines pretendidos por el precepto.

Como en tantos otros apartados del articulado de la LAU no se exige formalidad alguna, fuera de los requisitos expresados, pero dada la importancia de la comunicación y sus consecuencias para quien pretende situarse en la posición de nuevo titular del contrato, aconsejamos hacerla por cualquier medio acredite su fehaciencia, a fin de poder acreditar en caso de necesidad su realización.

Del artículo se deduce inexcusablemente que **la falta de comunicación tendrá carácter resolutorio**, salvo que el cónyuge pueda acreditar por otros medios que comunico la resolución junto con su voluntad de continuar en el arrendamiento, pero esta cuestión ya es objeto de un campo tan amplio como la prueba en un procedimiento judicial y que el juez entendiera esos medios aportados como prueba como suficientes para acredita la comunicación.

Existen a raíz del artículo en cuestión **un par de cuestiones que si entendemos necesario aclarar**, la primera es que ante una actitud pasiva del cónyuge al que le ha sido adjudicada la vivienda cuando no es el arrendatario, podría verse perjudicado el arrendatario originario, por lo que nos parece una buena cuestión a efectos de previsión la notificación por parte del arrendatario al arrendador de la situación y que por tanto cesa en el arrendamiento, quedando entonces la cuestión a resolver entre el arrendador y el cónyuge no arrendatario, quedando liberado el primero de la relación contractual.

Jurisprudencia relevante

❒ APLICACIÓN DEL ARTÍCULO 12 A LAS PAREJAS DE HECHO

Audiencia Provincial de Barcelona de 08/03/2006 *(Tol 991147)*. Número Sentencia: 115/2006 Número Recurso: 612/2005

> *«Así dichos preceptos han sido estudiados por la doctrina exponiendo: Se regula en el art. 12 de la nueva ley la incidencia que produce en la pervivencia de la relación arrendaticia comportamientos del arrendatario que convive en la vivienda arrendada con otra persona en razón del vínculo matrimonial o por existencia de análogas relaciones de afectividad cualquiera que sea la orientación sexual. Esta expansión de la respuesta normativa al seno de las parejas de hecho encuentra su origen en la Sentencia 122/1992, de 11 de diciembre, que declaró la inconstitucionalidad del art. 58.1 del Texto Refundido de la LAU, aprobado por Decreto 4104/1964, de 24 de diciembre, en la medida que excluye del beneficio de subrogación mortis causa a quien hubiere convivido de modo marital y estable con el arrendatario fallecido. Considera el máximo intérprete de la Constitución que la subrogación persigue la continuidad en la ocupación de la vivienda arrendada por parte de personas vinculadas afectivamente con el arrendatario, situación en la que se encuentran el cónyuge y el conviviente more uxorio, razón por la cual no cabe, sin incidir en el campo de la discriminación normativa carente de justificación objetiva y razonable proscrito por el art. 14 CE, conferir tal derecho subrogatorio al cónyuge y excluir del mismo al conviviente. En todo caso, mientras la aplicación del precepto en el supuesto de matrimonio sólo requiere la convivencia (que se presume ex art. 69 del Código Civil), en el resto de uniones se exige una duración mínima de dos años salvo que exista descendencia común, en cuyo caso basta la mera convivencia».*

❒ EXTINCIÓN DEL CONTRATO QUE DEBE OPERAR FRENTE A LA OCUPANTE, TRAS DESISTIMIENTO DEL ESPOSO, POR NO CONTESTAR A LOS REQUERIMIENTOS DEL ARRENDADOR, NI PRACTICARLOS POR ELLA MISMA.

Audiencia Provincial de Tenerife de 29/11/2021 *(Tol 8895803)*. Número Sentencia: 1080/2021 Número Recurso: 740/2021

> *«En efecto, en este caso el art. 11 de la LAU debe ponerse en relación con el art. 12 siguiente relativo al supuesto de desistimiento y vencimiento en caso de matrimonio o convivencia; justamente por lo dispuesto en este último precepto, el desistimiento puede no ir acompañado de la obligación de devolver la finca arrendada en la medida en que continúa ocupada por el conviviente, hasta entonces del arrendatario, que puede subrogarse en la posición de éste que, por lo demás, tiene la facultad de desistir sin el consentimiento del cónyuge o conviviente. Lo que se exige en tal caso es que el arrendatario comunique al arrendador su desistimiento y la eventualidad de que su cónyuge o conviviente permanece en la vivienda, de modo que hasta que no se produce esa comunicación el arrendatario sigue siendo el obligado por el contrato.*

En este caso la voluntad de rescindir o desistir del contrato fue puesta en conocimiento del arrendador en sucesivas ocasiones; las últimas en sedas comunicaciones de 14 de mayo y 1 de junio de 2018 en las que el demandado le puso de manifiesto que su expareja (Sara) no tenía intención de abandonar la vivienda; por todo ello a partir de ese última fecha se desvinculó del contrato y perdió la condición de arrendatario, al margen de que se hubiera comprometido de forma provisional y excepcional a seguir pagando la renta.

El arrendador en tal fecha pudo requerir a la ocupante en los términos de dicho precepto (lo que no consta que se hiciera), y si esta no fue requerida o no contestó a ese requerimiento, la consecuencia es la extinción del contrato que debe operar frente a esta ocupante (que habría adquirido la condición de precarista al margen de su obligación de indemnizar por el uso del inmueble), pero no frente al primitivo arrendatario que quedó desvinculado del contrato y que, por tanto, no puede responder por el incumplimiento de una obligación que ya no le correspondía (la de devolver la vivienda arrendada que quedaba en la posesión de la expareja).

Y todo ello al margen de la indemnización pactada por el desistimiento anticipado, improcedente en el supuesto de subrogación del cónyuge o conviviente (en la medida en que dicha subrogación implica la pervivencia del contrato) y que, con independencia de esto último, aquí resulta intrascendente por cuanto que no es objeto de reclamación en la demanda.»

❒ EL CONTRATO DE ARRENDAMIENTO, SUSCRITO POR UNO DE LOS CÓNYUGES CONSTANTE MATRIMONIO, NO FORMA PARTE DE LOS BIENES GANANCIALES Y SE RIGE POR LO DISPUESTO EN LA LEY DE ARRENDAMIENTOS URBANOS.

POR LO TANTO PARA QUE EL CÓNYUGE NO ARRENDATARIO, EN APLICACIÓN DEL ARTÍCULO 15 DE LA LAU, ADQUIERA LA CONDICIÓN DE ARRENDATARIO, ES NECESARIO QUE SE LLEVE A CABO AL NOTIFICACIÓN QUE ESTABLECE EL ARTÍCULO 15,2 DE LA LAU

Audiencia Provincial de Madrid de 06/06/2019 *(Tol 7379218).* Número Sentencia: 300/2019 Número Recurso: 184/2019

«Sobre esta cuestión tiene declarado el TS en sentencia N 247/2013 de 22/04/2013 "La sentencia de esta Sala de 3 de abril de 2009, citada por el recurrente, (recurso de casación número 1200/2004) ha solventado estas discrepancias al declarar, como doctrina jurisprudencial, que el contrato de arrendamiento, suscrito por uno de los cónyuges constante matrimonio, no forma parte de los bienes gananciales y se rige por lo dispuesto en la Ley de Arrendamientos Urbanos en lo relativo a la subrogación por causa del cónyuge titular del arrendamiento.

Por lo tanto para que el cónyuge no arrendatario, en aplicación del artículo 15 de la LAU, adquiera la condición de arrendatario, como consecuencia de la atribución del uso de la vivienda familiar en virtud de la demanda de separación o divorcio, es necesario que se lleve a cabo al notificación que establece el artículo 15,2 de la LAU, y en el plazo que dicho precepto establece, en la medida que el artículo 15 de la ley lo que establece es una facultad de subrogación a favor del cónyuge no arrendatario, de la que puede o no hacer uso, pero no una subrogación ope legis por el mero hecho de que se le atribuya el uso de la vivienda en la sentencia de divorcio.»

❒ CONDICIÓN DE PRECARISTA DE LA OCUPANTE POR NO COMUNICAR AL ARRENDADOR SU VOLUNTAD DE CONTINUAR

EN LA VIVIENDA TRAS LA ATRIBUCIÓN DEL USO DE LA VIVIENDA POR RESOLUCIÓN JUDICIAL.

Audiencia Provincial de Barcelona de 10/12/2021 *(Tol 8894684).* Número Sentencia: 600/2021 Número Recurso: 234/2020. Numroj: SAP B 15932/2021

«Recordemos que el procedimiento previsto en el art. 250-1-2ª LEC regula el procedimiento para la recuperación de la plena posesión de un inmueble cedido en precario. El llamado precario constituye la tenencia o disfrute de cosa ajena sin pago de renta o merced, ni razón de derecho distinta de la mera liberalidad o tolerancia del propietario o poseedor real, de cuya voluntad depende poner término a dicha tenencia.

Tampoco consta que la Sra. Eva, como razona la resolución recurrida, se hubiera subrogado en el contrato conforme al art. 15 de la LAU. Dicho precepto dispone: "1. En los casos de nulidad del matrimonio, separación judicial o divorcio del arrendatario, el cónyuge no arrendatario podrá continuar en el uso de la vivienda arrendada cuando le sea atribuida de acuerdo con lo dispuesto en la legislación civil que resulte de aplicación. El cónyuge a quien se haya atribuido el uso de la vivienda arrendada de forma permanente o en un plazo superior al plazo que reste por cumplir del contrato de arrendamiento, pasará a ser el titular del contrato.

2. La voluntad del cónyuge de continuar en el uso de la vivienda deberá ser comunicada al arrendador en el plazo de dos meses desde que fue notificada la resolución judicial correspondiente, acompañando copia de dicha resolución judicial o de la parte de la misma que afecte al uso de la vivienda".

Para que la Sra. Eva pasara a ocupar la vivienda a título de arrendataria debió comunicar su voluntad a la arrendadora en el plazo de dos meses desde la notificación de la orden de alejamiento y atribución del uso, así como haber pagado las rentas pactadas en el contrato. Resulta indiscutido que ni comunicó su voluntad ni pagó las rentas. En cualquier caso, el contrato de arrendamiento se extinguió por el transcurso del plazo pactado.

Que la actora hubiera tenido conocimiento de la separación y de la atribución del uso no eximió a la apelante de comunicar su voluntad de subrogarse en el contrato y de pagar las rentas. No concurre acto propio alguno de la propiedad sobre la existencia de la subrogación y mantenimiento del contrato de arrendamiento.»

❒ VALIDEZ DE UNA ORDEN DE ALEJAMIENTO COMO TÍTULO DEL ARTÍCULO 15.

Audiencia Provincial de Barcelona de 10/05/2024. Nº de Resolución: 310/2024. Nº de Recurso: 467/2023. Roj: SAP B 5492/2024 (*Tol 10107983*)

«...el arrendamiento de vivienda no perderá esta condición, aunque el arrendatario no tenga en la finca arrendada su vivienda permanente, siempre que en ella habiten su cónyuge no separado legalmente o de hecho, o sus hijos dependientes".

El régimen operativo podría ser por el contrario el contenido en el art. 15 LAU conforme al que (en la redacción vigente al tiempo del contrato que es de fecha 2.03.2013):

1. En los casos de nulidad del matrimonio, separación judicial o divorcio del arrendatario, el cónyuge no arrendatario podrá continuar en el uso de la vivienda arrendada cuando le sea atribuida de acuerdo con lo dispuesto en los artículos 90 y 96 del Código Civil.

2. La voluntad del cónyuge de continuar en el uso de la vivienda deberá ser comunicada al arrendador en el plazo de dos meses desde que fue notificada la resolución judicial correspon-

diente, acompañando copia de dicha resolución judicial o de la parte de la misma que afecte al uso de la vivienda".

La operativa de este precepto requiere de una decisión judicial de atribución del uso de la vivienda a una persona distinta del arrendatario y en este caso nada de ello consta (lo único acreditado es la orden de alejamiento a que se viene haciendo referencia no habiéndose aportado ni interesado por la parte actora si en paralelo se hubieren adoptado medidas en un procedimiento de familia).

Ante esta realidad, se considera que existe título de ocupación por parte de la demandada, con lo que la decisión adoptada por la sentencia de primera instancia de desestimar la demanda debe verse confirmada (señala la misma que por inadecuación de procedimiento, si bien ello no motivó se dictare auto en que así se declarase sino una sentencia desestimatoria). Ello comporta que se deba desestimar el recurso de apelación, sin perjuicio del derecho que pudiere corresponder a la parte apelante de cara a poner fin a la relación arrendaticia por los motivos que crea oportunos, cuestión que es ajena a las presentes actuaciones.»

3.3. Desistimiento en el arrendamiento de uso distinto de vivienda

Sin embargo, en el marco de los arrendamientos de uso distinto de vivienda, siendo el de local de negocio el más común, la LAU no hace mención alguna al desistimiento del arrendatario en artículo alguno, a pesar de ser una situación muy frecuente en la práctica, siendo una cuestión sujeta a negociación por las partes en virtud de la autonomía de la voluntad que prima en este tipo de contratos mediante la correspondiente cláusula contractual, o en todo caso a solventar en el consiguiente procedimiento judicial.

Si no se ha pactado ninguna indemnización en el contrato, cuestión que es frecuente, hemos de acudir a la Jurisprudencia y casuística de los Tribunales, aunque ya anunciamos que tampoco existe una Jurisprudencia absolutamente homogénea sobre la materia.

En la práctica contractual es habitual, distintos tipos de situaciones, desde estipular una penalización equivalente a las rentas que falten hasta cumplir la totalidad del plazo estipulado, hasta no estipular nada o estipular la inexistencia de una indemnización concreta.

❒ LÍNEAS JURISPRUDENCIALES

En todo caso y por concretar el tema desde un punto de vista práctico si nos atenemos a las últimas resoluciones del Tribunal Supremo, aparecen dos corrientes claramente diferenciadas en función del supuesto que estén resolviendo, así:

A) Cuando se ha establecido contractualmente la facultad de desistimiento y una penalización pactada para esta concreta eventualidad, el Tribunal Supremo viene a considerar que no procede moderar la cantidad reclamada como penalización al arrendatario pudiendo exigirse la cuantía contemplada en la cláusula penal en toda su extensión. Incluso, TS ha concedido la penalización en su totalidad, aunque el arrendador celebre un nuevo contrato de arrendamiento con un tercero por considerar que las partes habían previsto libremente las consecuencias del incumplimiento, en virtud del principio de la libertad de pactos.

B) Supuestos en los que no se ha establecido la facultad de desistimiento en el contrato. Aquí habría que diferenciar:

1º) Si el arrendador acepta el desistimiento y el vínculo contractual se da por finalizado, tiene derecho a los daños y perjuicios que se le hayan ocasionado, pero sujeto a la moderación judicial comentada con inclinación en la jurisprudencia a conceder una mensualidad de renta por cada año que reste por cumplir.

2º) Si el arrendador no acepta el desistimiento e interpone judicialmente la acción de cumplimiento contractual podrá reclamar todas las rentas pendientes hasta la finalización del plazo pactado sin que proceda moderación ya que ni existía facultad de desistimiento prevista en el contrato, ni se pactó cláusula penal alguna.

Jurisprudencia relevante

❒ INAPLICACIÓN SUPLETORIA DEL ARTÍCULO 11 DE LA LAU PARA SUPUESTOS DE DESISTIMIENTO EN USO DISTINTO.

Sentencia del Tribunal Supremo de 03-10-2017 *(Tol 6369592)*. Número Sentencia: 539/2017 Número Recurso: 1298/2015

> *«El art. 11 de la LAU regula el desistimiento para el arrendamiento de viviendas, pero no se recoge un supuesto similar en el arrendamiento para uso distinto de vivienda, figura que no precisa de tutela específica al estar subordinada a los pactos existentes entre las partes (art. 1255 C. Civil), por lo que no procede una aplicación analógica del precepto al carecer de identidad de razón (art. 4 del C. Civil).»*

❒ DESISTIMIENTO EN USO DISTINTO CUANDO EXISTE UNA CANTIDAD PACTADA EN EL PROPIO CONTRATO. PAGO ÍNTEGRO DE LA INDEMNIZACIÓN DEL LOCAL DE NEGOCIO POR ESTAR PACTADA DICHA CLÁUSULA.

Audiencia Provincial de Araba/Álava de 22-11-2017 *(Tol 6489345)*

> *«Es cierto que la cláusula penal o el perjuicio derivado de una resolución injustificada, aun referidas al importe de todas las rentas restantes, hasta la finalización del contrato, puede ser objeto de moderación conforme a conocida doctrina jurisprudencial como la contenida en la STS de 29 de mayo de 2014, sin embargo lo es bajo la consideración de que en el periodo restante de contrato el local pudo ser objeto de un nuevo arrendamiento, lo que en el supuesto*

de autos no podemos considerar como tal, teniendo en cuenta que la demandada no acepta la prórroga contractual y ésta, por lo expresado sí se produjo y sin embargo no abonó las rentas que fueron facturadas periódicamente, devolviendo los recibos sin que conste ninguna otra comunicación de la arrendataria.

En consonancia con lo anterior, cuando el arrendador no acepta la extinción del contrato, la STS nº 539/17, de 3 de octubre, con cita de las nº 183/2016 de 18 de marzo y nº 297/2017 de 16 de mayo, señala que en los casos en que no existe cláusula de resolución anticipada y el arrendatario manifiesta su voluntad de terminar el arrendamiento, pero el arrendador no lo acepta y pide el cumplimiento del contrato, es decir, el pago de las rentas conforme a los vencimientos pactados en el contrato, cual es el supuesto de autos: "[...] no procede moderación en la indemnización de daños y perjuicios, pues lo solicitado y concedido no fue una indemnización sino el pago de las rentas adeudadas, al promover el demandante (hoy recurrido), exclusivamente, el cumplimiento del contrato (art. 1124 CC), unido a que no se aceptó la resolución ni se pactó cláusula penal que permitiese la moderación.

En conclusión, al no haberse pactado el desistimiento unilateral del arrendatario, ni aceptado el mismo por el arrendador procede la estimación la acción de cumplimiento del contrato con condena al pago de las rentas pendientes, en la forma solicitada en la demanda y en el recurso de casación." En el supuesto de autos es claro que la arrendadora no acepto la resolución o extinción del contrato, por lo que siguió girando los recibos correspondientes, que ahora constituyen la base de su reclamación.»

Igualmente, la **SAP. Murcia (Sección 3ª) de 6 de febrero de 2008** expone que:

«En el supuesto de resolución unilateral del contrato de arrendamiento, sin motivo para ello, el criterio, tanto doctrinal como jurisprudencial, reconoce que cuando no se hubiera realizado ninguna previsión contractual sobre dicha cuestión, debe estarse a las normas generales que en materia de incumplimiento de las obligaciones y contratos, y como recoge el art. 1101 del Código Civil, procede indemnizar los daños y perjuicios que se causen el arrendador por dicho incumplimiento, los que deberán fijarse en el importe de la renta del periodo que quedare por cumplir del contrato, bien del plazo contractual, o bien del plazo legal en el supuesto que el contrato se haya prorrogado por tacita reconducción en base a los arts. 1566, 1577 y 1581 del Código Civil; debiendo tener como límite dicha indemnización el momento en que se hubiera procedido a arrendar de nuevo el local, o a la venta del mismo, puesto que desde ese momento si se indemnizara al arrendador se estaría produciendo un enriquecimiento injusto por parte del mismo, pues estaría percibiendo por un lado la indemnización y por otro lado la nueva renta.

A igual solución llegamos con la aplicación del artículo 1256 del Código Civil, de modo tal que la subsistencia y la ejecución de los derechos y las obligaciones nacidas de un contrato no pueden nunca quedar al arbitrio de una de las partes contratantes.»

4. RESOLUCIÓN DEL DERECHO DEL ARRENDADOR (ART. 13)

Regulación Normativa

Artículo 13. Resolución del derecho del arrendador.

«1. Si durante los cinco primeros años de duración del contrato, o siete años si el arrendador fuese persona jurídica, el derecho del arrendador quedara resuelto por el

ejercicio de un retracto convencional, la apertura de una sustitución fideicomisaria, la enajenación forzosa derivada de una ejecución hipotecaria o de sentencia judicial o el ejercicio de un derecho de opción de compra, el arrendatario tendrá derecho, en todo caso, a continuar en el arrendamiento hasta que se cumplan cinco años o siete años respectivamente, sin perjuicio de la facultad de no renovación prevista en el artículo 9.1.

En contratos de duración pactada superior a cinco años, o siete años si el arrendador fuese persona jurídica, si, transcurridos los cinco primeros años del mismo, o los primeros siete años si el arrendador fuese persona jurídica, el derecho del arrendador quedara resuelto por cualquiera de las circunstancias mencionadas en el párrafo anterior, quedará extinguido el arrendamiento. Se exceptúa el supuesto en que el contrato de arrendamiento haya accedido al Registro de la Propiedad con anterioridad a los derechos determinantes de la resolución del derecho del arrendador. En este caso, continuará el arrendamiento por la duración pactada.

2. Los arrendamientos otorgados por usufructuario, superficiario y cuantos tengan un análogo derecho de goce sobre el inmueble, se extinguirán al término del derecho del arrendador, además de por las demás causas de extinción que resulten de lo dispuesto en la presente ley.

3. Durarán cinco años los arrendamientos de vivienda ajena que el arrendatario haya concertado de buena fe con la persona que aparezca como propietario de la finca en el Registro de la Propiedad, o que parezca serlo en virtud de un estado de cosas cuya creación sea imputable al verdadero propietario, sin perjuicio de la facultad de no renovación a que se refiere el artículo 9.1, salvo que el referido propietario sea persona jurídica, en cuyo caso durarán siete años.»

Cuestiones útiles

Dado el carácter divulgativo y de guía de este manual, mi experiencia como abogado en ejercicio, conferenciante en la materia y profesor de la materia, utilizaré excepcionalmente un sistema de preguntas y respuestas en los artículos 13° y 14°, dada la dificultad que presenta la comprensión del mismo, por la compleja redacción que la LAU, le da a su redacción.

¿Qué ocurre si el derecho del arrendador se resuelve durante los cinco primeros años del contrato?

El arrendatario tendrá derecho a continuar en el arrendamiento hasta que se cumplan cinco años, salvo que el arrendador sea persona jurídica, en cuyo caso el plazo es de siete años.

¿Qué sucede si el arrendador es una persona jurídica?

Si el arrendador es una persona jurídica, el arrendatario tendrá derecho a permanecer en el arrendamiento hasta que se cumplan siete años.

¿En qué casos puede resolverse el derecho del arrendador durante los primeros años del contrato?

El derecho del arrendador puede resolverse por retracto convencional, apertura de una sustitución fideicomisaria, enajenación forzosa derivada de ejecución hipotecaria o sentencia judicial, o el ejercicio de un derecho de opción de compra.

¿Qué sucede si se resuelve el derecho del arrendador después de cinco o siete años?

Si el derecho del arrendador que da lugar al contrato, se resuelve después de cinco años (o siete si es persona jurídica), el arrendamiento quedará extinguido.

¿Hay alguna excepción a la extinción del arrendamiento tras cinco o siete años?

Sí, si el contrato de arrendamiento fue inscrito en el Registro de la Propiedad antes de que surgieran los derechos que motivaron la resolución, el arrendamiento continuará por la duración pactada.

¿Qué ocurre si el arrendamiento dura más de cinco años, o siete si el arrendador es persona jurídica?

Si el arrendamiento tiene una duración pactada superior a cinco o siete años, una vez transcurrido ese plazo, se extinguirá si se resuelve el derecho del arrendador, salvo la excepción de inscripción en el Registro de la Propiedad.

¿Qué protección tiene el arrendatario si el derecho del arrendador se resuelve por ejecución hipotecaria?

El arrendatario tiene derecho a permanecer en el arrendamiento hasta que se cumplan cinco o siete años, dependiendo de si el arrendador es persona física o jurídica.

¿Qué implica la facultad de no renovación prevista en el artículo 9°1 una vez concluido el plazo antedicho?

El arrendador tiene la posibilidad de no renovar el contrato al término de los cinco o siete años de duración, conforme a lo dispuesto en el artículo 9.1.

¿Qué pasa con los arrendamientos otorgados por un usufructuario o superficiario?

Estos arrendamientos se extinguen al término del derecho del usufructuario, superficiario o cualquier otro titular de un derecho de goce sobre el inmueble.

¿Existen otras causas de extinción de los arrendamientos otorgados por usufructuarios?

Sí, además de la extinción del derecho del usufructuario, los arrendamientos pueden extinguirse por las causas establecidas en la ley, como nos indica el propio artículo de forma expresa.

¿Qué duración tiene un arrendamiento de buena fe con alguien que aparezca como propietario en el Registro de la Propiedad, aunque no lo sea?

La duración será de cinco años, salvo que el propietario sea una persona jurídica, en cuyo caso durará siete años.

¿Qué ocurre si el contrato se firma con una persona que genera la apariencia de ser el propietario debido a un estado de cosas imputable al verdadero propietario?

En ese caso, el arrendamiento tendrá una duración de cinco años o siete años si el supuesto propietario es una persona jurídica.

¿Cuál es el efecto de una enajenación forzosa derivada de una sentencia judicial en el contrato de arrendamiento?

El arrendatario puede continuar en el arrendamiento hasta que se cumplan los cinco o siete años establecidos por la ley.

¿Qué protección tiene el arrendatario ante un retracto convencional ejercido por el arrendador?

El arrendatario puede continuar en el arrendamiento hasta cumplir el plazo de cinco o siete años, según el tipo de arrendador.

¿Qué sucede si el contrato de arrendamiento se inscribe en el Registro de la Propiedad antes de la resolución del derecho del arrendador?

El contrato de arrendamiento continuará vigente por la duración pactada, aunque se resuelva el derecho del arrendador.

¿Qué derechos tiene el arrendatario si se abre una sustitución fideicomisaria?

El arrendatario tiene derecho a continuar en el arrendamiento hasta cumplir los cinco o siete años, según corresponda.

¿Qué ocurre si el arrendador ejerce un derecho de opción de compra?

El arrendatario podrá continuar en el arrendamiento hasta cumplir el plazo de cinco o siete años, dependiendo del tipo de arrendador.

¿Qué pasa con los contratos de arrendamiento que no han accedido al Registro de la Propiedad?

En esos casos, el arrendamiento se extinguirá si el derecho del arrendador se resuelve, salvo que no se hayan cumplido los cinco o siete años mínimos.

Jurisprudencia relevante

- **Sentencia de Audiencia Provincial de Tenerife de 17-12-2021** (*Tol 8907554*)

  «La parte demandada presentó un contrato de arrendamiento suscrito con el anterior propietario de la vivienda, contra el que se había seguido un procedimiento de ejecución hipotecaria referido a la vivienda de autos, que acabó siendo adjudicada a la ahora demandante apelante mediante decreto de 04/04/2013 transmisión que accedió al registro de la propiedad.

Dicho contrato estaba fechado el 14/08/2008 y en el mismo se estipulaba que tendría un duración de un año, y llegado el día del vencimiento se prorrogaría obligatoriamente para el arrendador por plazos anuales hasta que alcance un duración máxima de cinco años, salvo que el arrendatario manifestase con antelación su voluntad de no renovar.»

❒ **Sentencia de Audiencia Provincial de Almería de 07-12-2021** (*Tol 10017737*)

«La sentencia de instancia, desestima la demanda instada por Unicaja banco sociedad anónima unipersonal frente al demandado, en un acción de desahucio por falta de pago de la renta; por extinción legal del contrato de arrendamiento entre la inicial arrendataria (Promocons Ruiz y Cuenca sociedad de responsabilidad limitada) y el arrendador demandado, en aplicación de lo dispuesto en el artículo 13 de la ley de arrendamientos urbanos 29/1994 de 24 de noviembre.

La demandada combate la sentencia con base a error en la interpretación del precepto, en cuanto la extinción del contrato es un facultad que puede o no ejercitar el actual propietario del inmueble, lo que de facto no realiza al comunicar por burofax al arrendatario la nueva posición de arrendador de la entidad demandante.»

❒ **Sentencia de Audiencia Provincial de Valencia de 07-12-2018** (*Tol 7020844*)

«En cuanto al recurso de apelación, alega la actora que la sentencia debió declarar la resolución del contrato de arrendamiento con opción de compra desde el 16/12/2016 en que se adjudicó el inmueble al sareb.

Si durante la duración del contrato el derecho del arrendador quedara resuelto por el ejercicio de un retracto convencional, la apertura de un sustitución fideicomisaria, la enajenación forzosa derivada de un ejecución hipotecariao de sentencia judicial o el ejercicio de un derecho de opción de compra.

Civil del 14/07/2015 (roj: sentencia del tribunal supremo ecli: es: tribunal supremo: 2015: 3210) dijo que: " de la normativa que se cita, especialmente del artículo 13. 1 de la ley de arrendamientos urbanos 1994, se desprende lógicamente que los derechos del arrendador a percibir la renta se extinguen desde el momento en que el bien arrendado pasa a ser de propiedad de otro, pudiendo continuar o no el arrendamiento según los casos, pero siempre con diferente arrendador que será el nuevo propietario.»

5. ENAJENACIÓN DE LA VIVIENDA ARRENDADA (ART. 14)

Regulación Normativa

Artículo 14. Enajenación de la vivienda arrendada.

«El adquirente de una vivienda arrendada quedará subrogado en los derechos y obligaciones del arrendador durante los cinco primeros años de vigencia del contrato, o siete años si el arrendador anterior fuese persona jurídica, aun cuando concurran en él los requisitos del artículo 34 de la Ley Hipotecaria.

Si la duración pactada fuera superior a cinco años, o superior a siete años si el arrendador anterior fuese persona jurídica, el adquirente quedará subrogado por la totalidad de la duración pactada, salvo que concurran en él los requisitos del artículo 34 de la Ley Hipotecaria. En este caso, el adquirente sólo deberá soportar el arrendamiento durante el tiempo que reste para el transcurso del plazo de cinco años, o siete años

en caso de persona jurídica, debiendo el enajenante indemnizar al arrendatario con una cantidad equivalente a una mensualidad de la renta en vigor por cada año del contrato que, excediendo del plazo citado de cinco años, o siete años si el arrendador anterior fuese persona jurídica, reste por cumplir.
Cuando las partes hayan estipulado que la enajenación de la vivienda extinguirá el arrendamiento, el adquirente sólo deberá soportar el arrendamiento durante el tiempo que reste para el transcurso del plazo de cinco años, o siete años si el arrendador anterior fuese persona jurídica.»

Cuestiones útiles

Por la misma razón que en el apartado anterior volvemos a utilizar el sistema de preguntas y respuestas.

¿Qué ocurre con el adquirente de una vivienda arrendada tras la compra?

El adquirente se subroga en los derechos y obligaciones del arrendador durante los cinco primeros años del contrato, o siete años si el arrendador anterior era una persona jurídica.

¿Qué sucede si el arrendador era una persona jurídica?

Si el arrendador anterior era una persona jurídica, el adquirente se subroga en los derechos y obligaciones por un período de siete años en lugar de cinco.

¿Qué ocurre si la duración pactada del contrato es superior a cinco o siete años?

Si la duración pactada supera los cinco años (o siete, si el arrendador era persona jurídica), el adquirente se subroga por la totalidad de la duración pactada, salvo que concurran los requisitos del artículo 34 de la Ley Hipotecaria.

¿Qué indica el artículo 34 de la Ley Hipotecaria?

«El tercero que de buena fe adquiera a título oneroso algún derecho de persona que en el Registro aparezca con facultades para transmitirlo, será mantenido en su adquisición, una vez que haya inscrito su derecho, aunque después se anule o resuelva el del otorgante por virtud de causas que no consten en el mismo Registro".

La buena fe del tercero se presume siempre mientras no se pruebe que conocía la inexactitud del Registro.

Los adquirentes a título gratuito no gozarán de más protección registral que la que tuviere su causante o transferente»

¿Qué ocurre si el adquirente cumple con los requisitos del artículo 34 de la Ley Hipotecaria?

Si el adquirente cumple con los requisitos del artículo 34, solo debe soportar el arrendamiento durante el tiempo que reste para alcanzar los cinco años, o siete años si el arrendador anterior era una persona jurídica.

¿Qué compensación recibe el arrendatario si el contrato supera los cinco o siete años?
El enajenante debe indemnizar al arrendatario con una mensualidad de la renta en vigor por cada año del contrato que exceda el plazo de cinco años, o siete si el arrendador era persona jurídica.

¿Es obligatorio soportar la totalidad del arrendamiento si el contrato es superior a cinco o siete años?
No, el adquirente solo está obligado a soportar el arrendamiento por la totalidad del plazo si no concurren los requisitos del artículo 34 de la Ley Hipotecaria.

¿Qué ocurre si las partes han estipulado que la enajenación extingue el arrendamiento?
Si se ha pactado que la enajenación extingue el arrendamiento, el adquirente solo debe mantener el contrato durante el plazo de cinco años, o siete si el arrendador anterior era una persona jurídica.

¿Qué protección tiene el arrendatario en un contrato superior a cinco o siete años si se produce una enajenación?
El arrendatario tiene derecho a recibir una indemnización por los años que resten del contrato, si este excede de los cinco o siete años, según corresponda.

¿Cómo afecta la buena fe del adquirente al contrato de arrendamiento?
Si el adquirente cumple con los requisitos del artículo 34 de la Ley Hipotecaria y adquiere de buena fe, solo está obligado a soportar el arrendamiento durante cinco o siete años.

¿Qué ocurre si el contrato tiene una duración pactada de menos de cinco o siete años?
El adquirente debe subrogarse en los derechos y obligaciones del arrendador hasta el término del contrato, sin importar si es persona física o jurídica.

¿Es posible que el arrendatario pierda el contrato al venderse la vivienda?
Sí, si las partes han pactado que la enajenación extinguirá el arrendamiento, pero solo después de los cinco o siete años mínimos obligatorios.

¿Qué pasa si el arrendatario no está inscrito en el Registro de la Propiedad y la vivienda se vende?
Si el arrendamiento no está inscrito y el adquirente cumple los requisitos del artículo 34 de la Ley Hipotecaria, este podría quedar libre de la obligación de respetar la totalidad del contrato.

¿Puede el adquirente exigir la finalización del contrato si este se prolonga más de lo estipulado en el plazo de subrogación?
Sí, en el caso de que se cumplan los requisitos del artículo 34 de la Ley Hipotecaria, el adquirente puede limitar su obligación al plazo de cinco o siete años.

¿Cómo se calcula la indemnización si el contrato excede los cinco o siete años?
La indemnización es equivalente a una mensualidad de la renta en vigor por cada año que exceda del plazo de cinco o siete años, según corresponda.

Jurisprudencia relevante

- **Sentencia de la Audiencia Provincial de Burgos.** Número de Sentencia 322/2017. Número recurso 137/2017. NIG 09059 42 1 2016 0003001

«Aunque la parte recurrente apoya su demanda en el art. 14 LAU, en su escrito de apelación introduce también el art. 13 del mismo texto legal. Los hechos son los mismos, por lo que los principios iura novit curia y da mihi factum dabo tibi ius permiten entrar a valorar ahora la aplicación a los hechos de litis tanto del artículo catorce como del artículo trece de la LAU.

El artículo trece LAU regula la extinción del contrato de arrendamiento como consecuencia de la resolución del derecho del arrendador por causa, entre otras que no son del caso, de la enajenación forzosa derivada de una ejecución hipotecaria o de sentencia judicial.

Este Tribunal de apelación comparte con el recurrente, por vía de interpretación extensiva e incluso por analogía, la aplicación de dicho precepto también a las enajenaciones forzosas derivadas de ejecuciones administrativas como la de litis, en la que el hoy recurrente adquirió, mediante subasta ante la Agencia Tributaria, la vivienda arrendada.

Pero, a diferencia de lo que parece sostener la parte recurrente, el régimen de la buena fe del tercero adquirente es el mismo en uno y otro precepto.

El art. 13 se remite al art. 14 (y al 7.2) LAU e introduce una excepción a la regla general de la extinción del arrendamiento cuando se resuelve el derecho del arrendador por la venta forzosa de la cosa, al establecer que Conforme a lo dispuesto en el apartado segundo del artículo 7 y en el artículo 14, se exceptúan los supuestos en los que el contrato de arrendamiento hubiera accedido al Registro de la Propiedad con anterioridad a los derechos determinantes de la resolución del derecho del arrendado. En este caso continuará el arrendamiento por la duración pactada.

Y el art. 14 LAU dispone que El adquirente de una finca inscrita en el Registro de la Propiedad, arrendada como vivienda en todo o en parte, que reúna los requisitos exigidos por el artículo 34 de la Ley Hipotecaria, sólo quedará subrogado en los derechos y obligaciones del arrendador si el arrendamiento se hallase inscrito, conforme a lo dispuesto por los artículos 7 y 10 de la presente ley, con anterioridad a la transmisión de la finca.

Así pues, en ambos supuestos, venta forzosa/venta voluntaria, para que se extinga el arrendamiento es preciso que el adquirente tenga buena fe, es decir, que desconozca en el momento de la compra la existencia del arrendamiento previo, pues si lo conocía compró a conciencia de su existencia y luego no puede instar la resolución del mismo al amparo de dichos preceptos.

Ese conocimiento puede ser presunto y por disposición legal en el supuesto de que el contrato haya accedido con anterioridad al Registro de la Propiedad (a partir de lo cual la Ley presume iuris et de iure que todos tienen o pueden tener conocimiento de ese hecho que publica el Registro), o puede ser un conocimiento directo por parte del adquirente, cualquiera que sea el medio por el que llegó a obtenerlo.

En ambos casos, conocimiento presunto o conocimiento directo, queda enervada la buena fe exigida tanto por el art. 13 como por el art. 14 LAU.

En el caso de litis, la propia parte recurrente reconoce (y así consta, además, en la prueba documental) que en el expediente administrativo se hizo constar antes del acto de la adquisición la preexistencia de un contrato de arrendamiento suscrito por los hoy demandados con el anterior propietario, a la sazón su padre.
Ese conocimiento, pues, enerva la condición de tercero de buena fe exigida por los arts. 13 y 14 LAU, sin que sea necesario el conocimiento exhaustivo que defiende la parte recurrente acerca de las condiciones del contrato. La conveniencia de adquirir o no en función de cuáles sean las condiciones del contrato de arrendamiento es una cosa (y en ese ámbito opera el eventual conflicto entre la Ley de Protección de Datos y la Ley de Procedimiento Administrativo Común o la Ley 12/2014 de Transparencia y Acceso a la Información Pública), y otra muy distinta la aplicación de la regla de la buena fe, que impide extinguir dicho contrato al adquirente que compró a sabiendas de la existencia de un contrato de arrendamiento, cualesquiera que fueran sus condiciones o si éstas fueron o no conocidas."

❒ Sentencia del Tribunal Supremo de 15-11-2021 (*Tol 8649638*)

"La razón fundamental por la que rechazamos esta interpretación es que prescinde del hecho de que los supuestos de enajenación voluntaria y los de enajenación forzosa, a estos efectos, están claramente diferenciados en la propia LAU, que cuando ha querido referirse a los casos de resolución del derecho del arrendador por enajenación forzosa en virtud de ejecuciones hipotecarias o de sentencias judiciales, lo ha hecho expresamente, con un trato diferenciado de las enajenaciones voluntarias. Así sucede en el caso de los arts. 13 y 14, pero sólo respecto de los arrendamientos de viviendas. La diferencia esencial entre ambos supuestos estriba en que en los casos de enajenaciones voluntarias interviene activamente la voluntad del arrendador en la pérdida de su derecho al consentir el negocio traslativo, frente a los supuestos de pérdida o resolución del derecho del arrendador por causas ajenas a su voluntad, que son consecuencia de la activación de otros derechos de terceros (retractos, opciones de compra, sustituciones fideicomisarias y, en lo que ahora interesa, la realización forzosa derivada de ejecuciones, hipotecarias o de sentencias).
Cuando es el propio arrendador, vinculado por el contrato de arrendamiento (arts. 1091 y 1257 CC), el que provoca la transmisión del dominio de la finca, es lógico que, en el conjunto de los intereses en concurrencia, la ley establezca un régimen de mayor protección del arrendatario, aplicando el principio de conservación de los contratos mediante el mecanismo de la subrogación (sin perjuicio de la protección de los terceros amparados por el art. 34 LH). El arrendador se vinculó voluntariamente mediante un contrato que es ley entre los contratantes (art. 1091 CC), del que no puede desligarse mediante una actuación unilateral (en el sentido de ajena a la voluntad concurrente del otro contratante, el arrendatario).
4.6. El supuesto es muy diferente cuando de lo que se trata es de la resolución del derecho del arrendador por causa ajena a su voluntad, como consecuencia del ejercicio de derechos de terceros, preferentes conforme a las reglas generales del Código civil y la legislación hipotecaria al del arrendatario (lo que sucederá en caso de ausencia de inscripción del derecho del arrendatario o cuando ésta sea posterior a la de aquellos). En estos casos el carácter tuitivo de la LAU respecto de los arrendamientos de vivienda determinó que, en su redacción originaria (que es la relevante para el caso) el contrato de arrendamiento, a pesar de la resolución del derecho del arrendador, subsistiera durante el tiempo que restare hasta la finalización del periodo de sus primeros cinco años (salvo que se hubiera inscrito el arrendamiento antes que el derecho del tercero, en cuyo caso se mantendría vigente por todo el plazo pactado)."

6. MUERTE DEL ARRENDATARIO Y SUBROGACIÓN EN LOS SUPUESTOS DE ARRENDAMIENTO DE VIVIENDA Y USO DISTINTO DE VIVIENDA (ARTS. 16 Y 33 DE LA LAU)

Regulación Normativa

La muerte del arrendatario y subrogación en uso de vivienda y uso distinto de vivienda se hallan regulados en los artículos 16 y 33 de la LAU.

Uso de vivienda

Artículo 16. Muerte del arrendatario.

«1. En caso de muerte del arrendatario, podrán subrogarse en el contrato:

a) El cónyuge del arrendatario que al tiempo del fallecimiento conviviera con él.

b) La persona que hubiera venido conviviendo con el arrendatario de forma permanente en análoga relación de afectividad a la de cónyuge, con independencia de su orientación sexual, durante, al menos, los dos años anteriores al tiempo del fallecimiento, salvo que hubieran tenido descendencia en común, en cuyo caso bastará la mera convivencia.

c) Los descendientes del arrendatario que en el momento de su fallecimiento estuvieran sujetos a su patria potestad o tutela, o hubiesen convivido habitualmente con él durante los dos años precedentes.

d) Los ascendientes del arrendatario que hubieran convivido habitualmente con él durante los dos años precedentes a su fallecimiento.

e) Los hermanos del arrendatario en quienes concurra la circunstancia prevista en la letra anterior.

f) Las personas distintas de las mencionadas en las letras anteriores que sufran una minusvalía igual o superior al 65 por 100, siempre que tengan una relación de parentesco hasta el tercer grado colateral con el arrendatario y hayan convivido con éste durante los dos años anteriores al fallecimiento.

Si al tiempo del fallecimiento del arrendatario no existiera ninguna de estas personas, el arrendamiento quedará extinguido.

2. Si existiesen varias de las personas mencionadas, a falta de acuerdo unánime sobre quién de ellos será el beneficiario de la subrogación, regirá el orden de prelación establecido en el apartado anterior, salvo en que los padres septuagenarios serán preferidos a los descendientes. Entre los descendientes y entre los ascendientes, tendrá preferencia el más próximo en grado, y entre los hermanos, el de doble vínculo sobre el medio hermano.

Los casos de igualdad se resolverán en favor de quien tuviera una minusvalía igual o superior al 65 por 100; en defecto de esta situación, de quien tuviera mayores cargas familiares y, en última instancia, en favor del descendiente de menor edad, el ascendiente de mayor edad o el hermano más joven.

3. El arrendamiento se extinguirá si en el plazo de tres meses desde la muerte del arrendatario el arrendador no recibe notificación por escrito del hecho del fallecimiento, con certificado registral de defunción, y de la identidad del subrogado, indicando su parentesco con el fallecido y ofreciendo, en su caso, un principio de prueba de que cumple los requisitos legales para subrogarse. Si la extinción se produce, todos los que pudieran suceder al arrendatario, salvo los que renuncien a su opción notificándolo por escrito al arrendador en el plazo del mes siguiente al fallecimiento, quedarán solidariamente obligados al pago de la renta de dichos tres meses.

Si el arrendador recibiera en tiempo y forma varias notificaciones cuyos remitentes sostengan su condición de beneficiarios de la subrogación, podrá el arrendador considerarles deudores solidarios de las obligaciones propias del arrendatario, mientras mantengan su pretensión de subrogarse.

4. En arrendamientos cuya duración inicial sea superior a cinco años, o siete años si el arrendador fuese persona jurídica, las partes podrán pactar que no haya derecho de subrogación en caso de fallecimiento del arrendatario, cuando este tenga lugar transcurridos los cinco primeros años de duración del arrendamiento, o los siete primeros años si el arrendador fuese persona jurídica, o que el arrendamiento se extinga a los cinco años cuando el fallecimiento se hubiera producido con anterioridad, o a los siete años si el arrendador fuese persona jurídica. En todo caso, no podrá pactarse esta renuncia al derecho de subrogación en caso de que las personas que puedan ejercitar tal derecho en virtud de lo dispuesto en el apartado 1 de este artículo se encuentren en situación de especial vulnerabilidad y afecte a menores de edad, personas con discapacidad o personas mayores de 65 años.»

Uso distinto de vivienda

Artículo 33. Muerte del arrendatario.

«En caso de fallecimiento del arrendatario, cuando en el local se ejerza una actividad empresarial o profesional, el heredero o legatario que continúe el ejercicio de la actividad podrá subrogarse en los derechos y obligaciones del arrendatario hasta la extinción del contrato.

La subrogación deberá notificarse por escrito al arrendador dentro de los dos meses siguientes a la fecha del fallecimiento del arrendatario.»

Cuestiones útiles

Dentro del marco del ámbito de vivienda, el presente artículo establece quienes pueden subrogarse y por tanto sustituir al inquilino fallecido y cuáles son los requisitos establecidos para ello.

- **¿QUÉ PERSONAS QUE PUEDEN SUBROGARSE EN EL CONTRATO DE ARRENDAMIENTO?**

1° El cónyuge que al tiempo del fallecimiento conviviera con él. Por tanto, si no existe dicha convivencia por separación o divorcio o incluso por separación de hecho, no podrá subrogarse.

2° La persona que hubiera venido conviviendo con el arrendatario de forma permanente en análoga relación de afectividad a la de cónyuge, con independencia de su orientación sexual, durante, al menos, los dos años anteriores al tiempo del fallecimiento, salvo que hubieran tenido descendencia en común, en cuyo caso bastará la mera convivencia. Caso de que la pareja no se halle inscrita en el correspondiente registro, deberá acreditar por otras pruebas ambas cuestiones, esto es, la relación y el tiempo

3° Los descendientes del arrendatario que en el momento de su fallecimiento estuvieran sujetos a su patria potestad o tutela, o hubiesen convivido habitualmente con él durante los dos años precedentes. Obviamente al igual que en supuesto anterior habrá que acreditar al arrendador, tal circunstancia, y lo mismo para todos los supuestos que se enumeran.

4° Los ascendientes, en este caso padres, del arrendatario que hubieran convivido habitualmente con él durante los dos años precedentes a su fallecimiento.

5° Los hermanos del arrendatario que hayan convivido con el fallecido los dos años anteriores.

6° Las personas distintas de las mencionadas en las letras anteriores que sufran una minusvalía igual o superior al 65%, siempre que tengan una relación de parentesco hasta el tercer grado colateral con el arrendatario y hayan convivido con éste durante los dos años anteriores al fallecimiento.

Obviamente si en el momento de producirse el fallecimiento no existiera ninguna de estas personas, el contrato de arrendamiento se extinguirá.

• ¿EXISTE UN PLAZO PARA COMUNICAR LA SUBROGACIÓN POR FALLECIMIENTO DEL INQUILINO?

Si, la LAU, establece el plazo máximo de tres meses desde que se haya producido la muerte del arrendatario.

De no producirse tal notificación y además dentro del plazo convenido, no existirá el derecho de subrogación y el arrendador en su caso podrá instar judicialmente la extinción del contrato.

Aunque se incluirá en el apartado de Jurisprudencia, creo que resulta indispensable adelantar que el Pleno del Tribunal Supremo en sentencia de fecha 20.07.2018 modificó el criterio que mantenía sobre la obligación del subrogado de notificar el fallecimiento del inquilino siempre que quede acreditado que el arrendador con sus actos ha conocido de dicho fallecimiento y de la voluntad indubitada de continuar en el contrato por parte del subrogado.

• REQUISITOS DE COMUNICACIÓN DE FALLECIMIENTO DEL ARRENDATARIO Y VOLUNTAD DE SUBROGACIÓN

1.- La comunicación debe de efectuarse por escrito. Si bien no es obligatoria la fehaciencia en la comunicación, la misma si es muy recomendable por la misma causa que la expuestas en la exposición de otros artículos, es decir su acreditación en caso de necesidad.

2.- Se debe acompañar necesariamente certificado de la defunción.

3.- Resulta obligatorio facilitar al arrendador todos los datos de la persona que se va a subrogar, indicando su parentesco con el fallecido y ofreciendo, un principio de prueba de que cumple los requisitos legales, referidos anteriormente, para subrogarse.

- **¿QUÉ OCURRE CUANDO CONCURREN VARIAS PERSONAS A LA SUBROGACIÓN?**

Si existiesen varias de las personas mencionadas, y no existe acuerdo entre ellas, se seguirá el orden de prelación antedicho, salvo en el caso de los padres si fueran septuagenarios que tendrán preferencia sobre los ascendientes.

Entre los descendientes y entre los ascendientes, lógicamente tendrá preferencia el más próximo en grado, y entre los hermanos, el de doble vínculo sobre el medio hermano.

En los casos en que exista igualdad absoluta entre aquellas personas que opten a la subrogación, el legislador ha optado por la vía de otorgar la preferencia en favor de quien tuviera una minusvalía igual o superior al 65 por 100. En defecto de la existencia de minusvalías la preferencia vendrá dada a quien tuviera mayores cargas familiares, y en última instancia en esta el descendiente de menor edad, el ascendiente de mayor edad o el hermano más joven.

- **¿ES RENUNCIABLE EL DERECHO DE SUBROGACIÓN EN EL CONTRATO?**

La respuesta es que si, pero con matices, porque solo podrá serlo en los contratos de más de cinco años de duración para personas físicas y siete para personas jurídicas, lo que debe de interpretarse en el sentido de que en este tipo de contratos la renunciabilidad solo será válida a partir del quinto o séptimo año de contrato.

La segunda excepción es la irrenunciabilidad cuando dicha subrogación pudiera afectar a personas en situación de especial vulnerabilidad o afecte a menores de edad, personas con discapacidad o personas mayores de 65 años.

USO DISTINTO DE VIVIENDA

Para comenzar nuestro comentario debemos de empezar por una cuestión obvia, pero inexcusable de indicar y es que la subrogación solo podrá producirse en el caso de que el arrendatario, lo sea una persona física.

Por otro lado, al igual que ocurría con el art. 32º que regula la cesión del contrato o el subarriendo, el legislador solo ha querido prever tal posibilidad, la de subrogación cuando en el inmueble arrendado se ejerza una actividad empresarial o profesional, y no en ningún otro supuesto de arrendamiento para uso distinto de vivienda.

El artículo exige que la subrogación se notifique por escrito al arrendador dentro de los dos meses siguientes a la fecha del fallecimiento del arrendatario.

La necesidad de que se haga por escrito como hemos visto en reiteradas ocasiones no exige que sea fehaciente, aunque como también tantas veces hemos comentado es lo más recomendable y además de forma fehaciente dada la importancia de la comunicación y que en caso contrario y que esta fuera negada por el arrendador, el heredero o legatario tendría que demostrar el conocimiento por comunicación del arrendador con la dificultad de prueba que eso puede conllevar en algunos casos.

¿CABE LA DENOMINADA SUBROGACIÓN TÁCITA?

La jurisprudencia si la viene admitiendo y entiende que se produce una subrogación tácita en aquellos casos en los que tras el fallecimiento del arrendatario, una persona con derecho a subrogarse continua durante un tiempo ya determinante en la posesión del local y continua pagando la renta convenida en el contrato ya a su nombre con la aquiescencia del arrendador, de forma que esa interactuación con el arrendador como subrogado, se produce de forma indubitada por el paso del tiempo y el pago de la renta a nombre del sucesor.

Resulta muy importante puntualizar un detalle y es que la LAU, solo abre la puerta a la subrogación en este caso, si existe fallecimiento, pero no cuando exista jubilación, lo que no significa que no pueda ser pactado en contrato, siendo esta una cláusula absolutamente lícita al tratarse del marco normativo de "uso distinto de vivienda"

El derecho de subrogación queda circunscrito exclusivamente al heredero, ya sea testamentario o intestado, y al legatario.

Jurisprudencia relevante

❐ CONOCIMIENTO DE LA VOLUNTAD DE SUBROGARSE SIN NECESIDAD DE LA NOTIFICACIÓN PRECEPTIVA, CON REFERENCIA EXPRESA A LA NUEVA DOCTRINA DE LA SALA 1º.

Audiencia Provincial de Barcelona de 16/12/2021 *(Tol 8878245).* Número Sentencia: 674/2021 Número Recurso: 243/2021

«Sin embargo, la STS 475/2018 de 20 de julio dictada en Pleno matizó esta doctrina por resultar excesivamente rígida, entendiendo que no podía ser mantenida de manera inflexible sin atender en cada caso a las exigencias que imponga la buena fe. En palabras de la mencionada sentencia: "Por razón de la buena fe, el efecto extintivo del contrato puede ser un resultado injusto cuando, a pesar de no haberse llevado a cabo una notificación formal por escrito, el arrendador tiene un conocimiento efectivo de que se ha producido el fallecimiento del arrendatario y de la voluntad de subrogación de quien tiene derecho a ello, toda vez que el consentimiento del arrendador no es un requisito para que se produzca la subrogación y que la exigencia de notificación lo que pretende es que el arrendador tenga conocimiento en un plazo razonable del ejercicio de un derecho que le afecta. Invocar la falta de notificación para extinguir el contrato cuando el arrendador conoce la voluntad del ejercicio del derecho de subrogarse resulta, por tanto, contrario a la buena fe.

Por razón de la buena fe, el efecto extintivo del contrato puede ser un resultado injusto cuando, a pesar de no haberse llevado a cabo una notificación formal por escrito, el arrendador tiene un conocimiento efectivo de que se ha producido el fallecimiento del arrendatario y de la voluntad de subrogación de quien tiene derecho a ello.

No debe perderse de vista que, de acuerdo con el régimen legal, el consentimiento del arrendador no es un requisito para que se produzca la subrogación y que la exigencia de notificación lo que pretende es que el arrendador tenga conocimiento en un plazo razonable del ejercicio de un derecho que le afecta. Invocar la falta de notificación para extinguir el contrato cuando el arrendador conoce la voluntad del ejercicio del derecho de subrogarse resulta, por tanto, contrario a la buena fe.

Esta matización de la doctrina jurisprudencial justifica la estimación del recurso de casación. En el presente caso, a la vista de los hechos probados en la instancia, ha quedado acreditado que la arrendadora, a pesar de que el viudo no le remitió una comunicación por escrito para comunicarle la subrogación, tuvo pleno conocimiento de la voluntad subrogatoria, pues tras el fallecimiento de la arrendataria, y antes de interponer la demanda, estuvo negociando con el viudo el importe de la renta que debía abonar para continuar con el arrendamiento"." 5.1.- Dicho lo anterior, y dados los términos del recurso de apelación, debemos recordar que en la contestación que formuló Felicisima en fecha 19 de septiembre de 2017, se dirigió a la parte arrendadora como subrogada y viuda del primigenio arrendatario, señalando que desde el año 1966 residía en la misma y manifestando su voluntad de seguir en el arriendo así como de llegar a un acuerdo en cuanto al posible aumento de renta, proponiendo negociar respecto a las cantidades por tal concepto. En fecha de 15 de noviembre de 2017, la parte demandada remite otra comunicación a la actora en la que manifiesta que, al no haber contestado la parte actora en el plazo de 30 días (art. 58.4 de la LAU de 1964), debía entenderse subrogada. En este escrito señala que las rentas correspondientes a los meses de octubre y noviembre de 2017, al no haberse pasado al cobro por parte del arrendador, se pagaron mediante giro postal. En fecha 11 de junio de 2018 se presentó la demanda rectora de las presentes actuaciones y en ella se señala que la parte demandada ha procedido a abonar la renta desde las referidas notificaciones.»

❒ NECESIDAD DE ACREDITAR EXPRESAMENTE LA CONVIVENCIA

Sentencia de la Audiencia Provincial de Leon *(Tol 8754706)*. SENTENCIA: 00805/2021

«Esta Audiencia Provincial ha venido aplicando esta interpretación restrictiva a los casos de subrogación como el que nos ocupa; y así, dice por ejemplo la SAP León, secc. 2ª del 18 de febrero de 2011 —rec. 626/2010— que: "la persona que pretenda subrogarse, (...), venía obligada a probar con respecto al arrendatario fallecido, la condición de convivencia (aplicable a toda clase de subrogaciones, y aquí de al menos 2 años con anterioridad al fallecimiento), la habitualidad de la misma y el hecho de que ésta se produzca precisamente en la vivienda arrendada, pudiendo acreditarse tales extremos por cualquier medio de prueba admitida en derecho. En cuanto a lo que deba entenderse por "convivencia" lógicamente no cabe reducirla a la permanencia durante unas horas al día, aún en régimen de actividad familiar, sino comunidad de habitación (vida en común y familiar o "permanencia de continuidad en la mutua asistencia y vida en común") y domiciliación efectiva a todos los efectos, en los dos años anteriores, "ininterrumpidos", a la defunción, situación de interpretación restrictiva (al imponer la prolongación del contrato con persona distinta del arrendatario o de los anteriores subrogados).".

Pues bien, de la prueba practicada, no resulta debidamente cumplido el presupuesto del derecho de subrogación relativo a la convivencia de D. Joaquín con su fallecida madre en la vivienda arrendada en los dos años anteriores a su fallecimiento el día 2 de enero de 2020, coincidiendo la Sala con la apreciación probatoria que al respecto efectúa el juzgador a quo. En efecto, los documentos en que se apoya el demandado recurrente para justificar la convivencia, no tienen virtualidad suficiente para concluir que convivía en la vivienda arrendada de forma estable y efectiva durante los dos años anteriores al fallecimiento de su madre, y no que se trataba de una convivencia de manera esporádica, ocasional o a los solos efectos administrativos.»

❐ REQUISITOS DE LA SUBROGACIÓN INTERPRETADOS JURISPRUDENCIALMENTE EN BASE AL ARTÍCULO 16ª.

Audiencia Provincial de Madrid de 22-04-2021 (*Tol 8499424*). Número Sentencia: 151/2021 Número Recurso: 404/2020

«(...) 3º.- Para que se produzca una subrogación en el arrendamiento se requiere:
(a) Existencia de un vínculo matrimonial, o de relación análoga con el arrendatario; o ser ascendiente, descendiente, hermano o ser pariente de hasta tercer grado colateral con una discapacidad superior al 65%.
(b) Salvo en el caso de matrimonio, un período de convivencia en esa vivienda antes de que se produzca el fallecimiento.
(c) La emisión de una manifestación de voluntad por quien pretende subrogarse. La subrogación no es la constatación de un hecho (quedarse en la casa y pagar la renta), unido a que esa persona reúna las características mencionadas anteriormente (vínculo y convivencia). Quien pretenda subrogase debe manifestárselo así expresamente al arrendador. El mero ocupante, que siga pagando la renta, puede no querer ponerse en la posición de arrendatario; ni existe presunción alguna que permita concluir una manifestación de voluntad en tal sentido por el mero hecho de continuar en el uso de la vivienda. Manifestación de voluntad que la Ley de Arrendamientos Urbanos configura como un acto formalista:
1) Es una notificación. Ha de hacerse en el sentido de notificar, de dar cuenta de un hecho. Y como tal notificación es recepticia. Debe llegar a conocimiento del arrendador.
2) Ha de ser escrita.
3) En su contenido debe mencionarse:
(i) El hecho del fallecimiento del inquilino.
(ii) la identidad del subrogado, indicando el parentesco.
4) Debe acompañarse:
(i) Una certificación de la inscripción de la defunción en el Registro Civil
(ii) Y, en su caso, un principio de prueba de que cumple los requisitos legales para subrogarse (en este caso, certificación de la inscripción del matrimonio en el Registro Civil).
5) Y debe hacerse en un plazo concreto.
(d) La aceptación por parte del arrendador. No es cierto que sea un mero receptor, y que la subrogación nazca de una manifestación unilateral del pretendiente a subrogarse. El arrendador debe aceptar esa pretensión; que se muestra expidiendo los recibos de renta sucesivos a nombre del subrogado. Porque también puede oponerse a reconocerla, por considerar que no cabe subrogación (por haberse pactado así en el contrato, por haberse producido las permitidas legalmente, por no reunirse las condiciones de vínculo y plazo de convivencia).»

Capítulo 4

De la renta en arrendamientos de vivienda y de uso distinto de vivienda

1. DETERMINACIÓN DE LA RENTA

Regulación Normativa

Renta en los contratos de arrendamiento de vivienda y uso distinto de vivienda:

Uso de vivienda

Artículo 17. Determinación de la renta.

1. La renta será la que libremente estipulen las partes.

2. Salvo pacto en contrario, el pago de la renta será mensual y habrá de efectuarse en los siete primeros días del mes. En ningún caso podrá el arrendador exigir el pago anticipado de más de una mensualidad de renta.

3. El pago se efectuará a través de medios electrónicos. Excepcionalmente, cuando alguna de las partes carezca de cuenta bancaria o acceso a medios electrónicos de pago y a solicitud de esta, se podrá efectuar en metálico y en la vivienda arrendada.

4. El arrendador queda obligado a entregar al arrendatario recibo del pago, salvo que se hubiera pactado que éste se realice mediante procedimientos que acrediten el efectivo cumplimiento de la obligación de pago por el arrendatario.

El recibo o documento acreditativo que lo sustituya deberá contener separadamente las cantidades abonadas por los distintos conceptos de los que se componga la totalidad del pago y, específicamente, la renta en vigor.

Si el arrendador no hace entrega del recibo, serán de su cuenta todos los gastos que se originen al arrendatario para dejar constancia del pago.

5. En los contratos de arrendamiento podrá acordarse libremente por las partes que, durante un plazo determinado, la obligación del pago de la renta pueda reemplazarse total o parcialmente por el compromiso del arrendatario de reformar o rehabilitar el inmueble en los términos y condiciones pactadas. Al finalizar el arrendamiento, el arrendatario no podrá pedir en ningún caso compensación adicional por el coste de las obras realizadas en el inmueble. El incumplimiento por parte del arrendatario de la realización de las obras en los términos y condiciones pactadas podrá ser causa de resolución del contrato de arrendamiento y resultará aplicable lo dispuesto en el apartado 2 del artículo 23.

6. En los contratos de arrendamiento de vivienda sujetos a la presente ley en los que el inmueble se ubique en una zona de mercado residencial tensionado dentro del pe-

riodo de vigencia de la declaración de la referida zona en los términos dispuestos en la Ley 12/2023, de 24 de mayo, por el derecho a la vivienda, la renta pactada al inicio del nuevo contrato no podrá exceder de la última renta de contrato de arrendamiento de vivienda habitual que hubiese estado vigente en los últimos cinco años en la misma vivienda, una vez aplicada la cláusula de actualización anual de la renta del contrato anterior, sin que se puedan fijar nuevas condiciones que establezcan la repercusión al arrendatario de cuotas o gastos que no estuviesen recogidas en el contrato anterior.

Únicamente podrá incrementarse, más allá de lo que proceda de la aplicación de la cláusula de actualización anual de la renta del contrato anterior, en un máximo del 10 por ciento sobre la última renta de contrato de arrendamiento de vivienda habitual que hubiese estado vigente en los últimos cinco años en la misma vivienda, cuando se acredite alguno de los siguientes supuestos:

a) Cuando la vivienda hubiera sido objeto de una actuación de rehabilitación en los términos previstos en el apartado 1 del artículo 41 del Reglamento del Impuesto sobre la Renta de las Personas Físicas, que hubiera finalizado en los dos años anteriores a la fecha de la celebración del nuevo contrato de arrendamiento.

b) Cuando en los dos años anteriores a la fecha de la celebración del nuevo contrato de arrendamiento se hubieran finalizado actuaciones de rehabilitación o mejora de la vivienda en la que se haya acreditado un ahorro de energía primaria no renovable del 30 por ciento, a través de sendos certificados de eficiencia energética de la vivienda, uno posterior a la actuación y otro anterior que se hubiese registrado como máximo dos años antes de la fecha de la referida actuación.

c) Cuando en los dos años anteriores a la fecha de la celebración del nuevo contrato de arrendamiento se hubieran finalizado actuaciones de mejora de la accesibilidad, debidamente acreditadas.

d) Cuando el contrato de arrendamiento se firme por un periodo de diez o más años, o bien, se establezca un derecho de prórroga al que pueda acogerse voluntariamente el arrendatario, que le permita de manera potestativa prorrogar el contrato en los mismos términos y condiciones durante un periodo de diez o más años.

7. Sin perjuicio de lo dispuesto en el apartado anterior, en los contratos de arrendamiento de vivienda sujetos a la presente ley en los que el arrendador sea un gran tenedor de vivienda de acuerdo con la definición establecida en la Ley 12/2023, de 24 de mayo, por el derecho a la vivienda, y en los que el inmueble se ubique en una zona de mercado residencial tensionado dentro del periodo de vigencia de la declaración de la referida zona en los términos dispuestos en la referida Ley 12/2023, de 24 de mayo, por el derecho a la vivienda, la renta pactada al inicio del nuevo contrato no podrá exceder del límite máximo del precio aplicable conforme al sistema de índices de precios de referencia atendiendo a las condiciones y características de la vivienda arrendada y del edificio en que se ubique, pudiendo desarrollarse reglamentariamente las bases metodológicas de dicho sistema y los protocolos de colaboración e intercambio de datos con los sistemas de información estatales y autonómicos de aplicación.

Esta misma limitación se aplicará a los contratos de arrendamiento de vivienda en los que el inmueble se ubique en una zona de mercado residencial tensionado dentro del periodo de vigencia de la declaración de la referida zona en los términos dispuestos en la referida Ley 12/2023, de 24 de mayo, por el derecho a la vivienda, y sobre el que no hubiese estado vigente ningún contrato de arrendamiento de vivienda vigente en los últimos cinco años, siempre que así se recoja en la resolución del Ministerio de Transportes, Movilidad y Agenda Urbana, al haberse justificado dicha aplicación en la declaración de la zona de mercado residencial tensionado.

2. ACTUALIZACIÓN DE LA RENTA

Artículo 18. Actualización de la renta.
1. Durante la vigencia del contrato, la renta solo podrá ser actualizada por el arrendador o el arrendatario en la fecha en que se cumpla cada año de vigencia del contrato, en los términos pactados por las partes. En defecto de pacto expreso, no se aplicará actualización de rentas a los contratos.
En caso de pacto expreso entre las partes sobre algún mecanismo de actualización de valores monetarios que no detalle el índice o metodología de referencia, la renta se actualizará para cada anualidad por referencia a la variación anual del Índice de Garantía de Competitividad a fecha de cada actualización, tomando como mes de referencia para la actualización el que corresponda al último índice que estuviera publicado en la fecha de actualización del contrato.
En todo caso, el incremento producido como consecuencia de la actualización anual de la renta no podrá exceder del resultado de aplicar la variación porcentual experimentada por el Índice de Precios al Consumo a fecha de cada actualización, tomando como mes de referencia para la actualización el que corresponda al último índice que estuviera publicado en la fecha de actualización del contrato.
2. La renta actualizada será exigible al arrendatario a partir del mes siguiente a aquel en que la parte interesada lo notifique a la otra parte por escrito, expresando el porcentaje de alteración aplicado y acompañando, si el arrendatario lo exigiera, la oportuna certificación del Instituto Nacional de Estadística.
Será válida la notificación efectuada por nota en el recibo de la mensualidad del pago precedente.

Disposición adicional undécima. Índice de referencia para la actualización anual de los contratos de arrendamiento de vivienda.
El Instituto Nacional de Estadística definirá, antes del 31 de diciembre de 2024, un índice de referencia para la actualización anual de los contratos de arrendamiento de vivienda que se fijará como límite de referencia a los efectos del artículo 18 de esta ley, con el objeto de evitar incrementos desproporcionados en la renta de los contratos de arrendamiento.

3. ELEVACIÓN DE RENTA POR MEJORAS

Artículo 19. Elevación de renta por mejoras.
1. La realización por el arrendador de obras de mejora, transcurridos cinco años de duración del contrato, o siete años si el arrendador fuese persona jurídica, le dará derecho, salvo pacto en contrario, a elevar la renta anual en la cuantía que resulte de aplicar al capital invertido en la mejora, el tipo de interés legal del dinero en el momento de la terminación de las obras incrementado en tres puntos, sin que pueda exceder el aumento del veinte por ciento de la renta vigente en aquel momento.
Para el cálculo del capital invertido, deberán descontarse las subvenciones públicas obtenidas para la realización de la obra.
2. Cuando la mejora afecte a varias fincas de un edificio en régimen de propiedad horizontal, el arrendador deberá repartir proporcionalmente entre todas ellas el capital

invertido, aplicando, a tal efecto, las cuotas de participación que correspondan a cada una de aquellas.

En el supuesto de edificios que no se encuentren en régimen de propiedad horizontal, el capital invertido se repartirá proporcionalmente entre las fincas afectadas por acuerdo entre arrendador y arrendatarios. En defecto de acuerdo, se repartirá proporcionalmente en función de la superficie de la finca arrendada.

3. La elevación de renta se producirá desde el mes siguiente a aquel en que, ya finalizadas las obras, el arrendador notifique por escrito al arrendatario la cuantía de aquella, detallando los cálculos que conducen a su determinación y aportando copias de los documentos de los que resulte el coste de las obras realizadas.

4. Sin perjuicio de lo dispuesto en los apartados anteriores y de la indemnización que proceda en virtud del artículo 22, en cualquier momento desde el inicio de la vigencia del contrato de arrendamiento y previo acuerdo entre arrendador y arrendatario, podrán realizarse obras de mejora en la vivienda arrendada e incrementarse la renta del contrato, sin que ello implique la interrupción del periodo de prórroga obligatoria establecido en el artículo 9 o de prórroga tácita a que se refiere el artículo 10 de la presente Ley, o un nuevo inicio del cómputo de tales plazos. En todo caso, el alcance de las obras de mejora deberá ir más allá del cumplimiento del deber de conservación por parte del arrendador al que se refiere el artículo 21 de esta Ley.

Cuestiones útiles

La renta será la que libremente estipulen las partes contratantes, sin que exista limitación expresa salvo acuerdo en contrario o las disposiciones legales aplicables. En dicho sentido el propio artículo 17 derivado de la reforma operada por la Ley 12/2023 por el derecho a la vivienda, introduce en sus apartados 6 y 7 limitaciones precisamente a la libertad de pacto entre las partes a las que haremos referencia más adelante.

Salvo pacto en contrario, el pago de la renta deberá efectuarse mensualmente dentro de los primeros siete días de cada mes. En ningún caso podrá el arrendador exigir el pago anticipado de más de una mensualidad de renta.

El pago de la renta deberá efectuarse a través de medios electrónicos. Excepcionalmente, a solicitud de una de las partes que carezca de cuenta bancaria o acceso a medios electrónicos, el pago podrá realizarse en metálico en la vivienda arrendada.

El arrendador está obligado a entregar al arrendatario un recibo de pago, salvo que se hubiera pactado un método que acredite el cumplimiento del pago por el arrendatario. El recibo o documento acreditativo deberá desglosar las cantidades abonadas por cada concepto, incluyendo específicamente la renta en vigor. Si el arrendador no entrega el recibo, asumirá todos los gastos que el arrendatario deba incurrir para dejar constancia del pago. En la práctica cotidiana se viene utilizando el justificante del ingreso bancario como recibo, sin que la jurisprudencia haya manifestado oposición a su validez. A estos efectos resulta muy conveniente para el arrendatario efectuar o nominar el desglose de lo pagado, cuando se realice por medios bancarios o electrónicos de cualquier tipo.

Sustitución del pago de la renta por reformas o rehabilitaciones.

Las partes podrán pactar que, durante un plazo determinado, la obligación de pago de la renta se sustituya total o parcialmente por el compromiso del arrendatario de realizar reformas o rehabilitaciones en el inmueble. El arrendatario no podrá reclamar compensación adicional por el coste de las obras al finalizar el contrato, y el incumplimiento de dichas obras puede ser causa de resolución del contrato.

Limitaciones de la renta.

Como indicábamos anteriormente, se introducen en los apartados 6 y 7 del artículo 17 LAU limitaciones a la voluntad de las partes en cuanto a la determinación de la renta, limitaciones que son aplicables a partir de la entrada en vigor de la Ley 12/2023 por el derecho a la vivienda, y que se refieren exclusivamente a los contratos de arrendamiento de viviendas ubicadas en zonas de mercado residencial tensionado.

Debemos diferenciar aquí, los supuestos en los que el arrendador no tiene la condición de gran tenedor de aquellos otros en los que sí ostenta tal condición en los términos de la Ley 12/2023, es decir cuando sea propietario de 5 o más inmuebles.

Si el arrendador no tiene la condición de gran tenedor, la renta pactada al inicio del nuevo contrato no podrá exceder la última renta de arrendamiento de vivienda habitual vigente en los últimos cinco años, con la actualización anual correspondiente, sin que se puedan fijar nuevas condiciones que establezcan la repercusión al arrendatario de cuotas o gastos que no estuviesen recogidas en el contrato anterior. Únicamente se permite un incremento de hasta un 10% de la renta anterior en aquellos casos en los que se hayan realizado reforma o rehabilitación de los inmuebles, mejoras energéticas o de accesibilidad, y en aquellos contratos de duración igual o superior a 10 años.

Si el arrendador es un gran tenedor de vivienda y el inmueble está ubicado en una zona de mercado residencial tensionado, la renta pactada no podrá exceder el límite máximo del precio aplicable según el sistema de índices de precios de referencia. Este límite también se aplicará a inmuebles en zonas tensionadas que no hayan tenido un contrato de arrendamiento en los últimos cinco años, siempre que así lo establezca la resolución correspondiente del Ministerio de Transportes, Movilidad y Agenda Urbana.

Actualización de la renta, art. 18 de la LAU:

Durante la vigencia del contrato, la renta solo podrá ser actualizada por el arrendador o el arrendatario bajo las siguientes premisas:

1° Ha de ser en la fecha en que se cumpla cada año de vigencia del contrato, sin que exista posibilidad de establecer un pacto inferior de actualización.

2° Tiene que ser, necesariamente en los términos pactados por las partes.

3° De no existir un pacto expreso de actualización esta no podrá ser aplicada en los contratos, quedando la renta sin actualizar durante la duración del mismo.

El índice de referencia para actualizar la renta será el que figure expresamente pactado en el contrato. Lo habitual es que se tenga en cuenta el IPC que publica el Instituto Nacional de Estadística (INE), si bien existen otros índices como el Índice de Garantía de Competitividad (IGC) que es el que por defecto establece la LAU en el artículo 18:

«En caso de pacto expreso entre las partes sobre algún mecanismo de actualización de valores monetarios que no detalle el índice o metodología de referencia, la renta se actualizará para cada anualidad por referencia a la variación anual del Índice de Garantía de Competitividad a fecha de cada actualización.»

La renta no se actualiza de forma automática anualmente, sino que requiere que el arrendador le notifique la revisión al inquilino, y una vez notificada esta será exigible a partir del mes siguiente a que se produzca dicha notificación.

La notificación deberá expresar el porcentaje de alteración aplicado y acompañar si el inquilino lo exige, la certificación del Instituto Nacional de Estadística.

El artículo 18° nos indica en su apartado final que también será válida para mayor facilidad de comunicación entre las partes la notificación efectuada por nota en el recibo de la mensualidad del pago precedente.

Llegado este punto y en función de la reciente Ley 12/2023 por el por el derecho a la Vivienda, debemos indicar que se ha establecido en la disposición final sexta una limitación máxima del 3% de subida de la renta del alquiler en los contratos de arrendamiento de vivienda en los que haya de revisarse la rentas durante el año 2024.

Así se establece en dicha disposición final sexta lo siguiente:

«2. La persona arrendataria de un contrato de alquiler de vivienda sujeto a la Ley 29/1994, de 24 de noviembre, de Arrendamientos Urbanos, cuya renta deba ser actualizada porque se cumpla la correspondiente anualidad de vigencia dentro del periodo comprendido entre el 1 de enero de 2024 y el 31 de diciembre de 2024, podrá negociar con el arrendador el incremento que se aplicará en esa actualización anual de la renta, con sujeción a las siguientes condiciones:

a) En el caso de que el arrendador sea un gran tenedor en los términos que establece el artículo 3.k) de la Ley 12/2023, de 24 de mayo, por el derecho a la vivienda, el incremento de la renta será el que resulte del nuevo pacto entre las partes, sin que la variación anual de la renta pueda exceder del tres por ciento. En ausencia de este nuevo pacto entre las partes, el incremento de la renta quedará sujeto a esta misma limitación.

b) En el caso de que el arrendador no sea un gran tenedor, el incremento de la renta será el que resulte del nuevo pacto entre las partes. En ausencia de este nuevo pacto entre las partes, el incremento de la renta a aplicar no podrá ser superior al tres por ciento.»

Asimismo y conforme a la disposición adicional undécima de la LAU, añadida por la Ley 12/2023, de 24 de mayo, por el derecho a la vivienda se ha publicado un nuevo índice de referencia que será aplicable a las actualizaciones que se realicen a partir del 1 de enero de 2025, Resolución de 18 de diciembre de 2024 por la que se define el índice de referencia para la actualización anual de los contratos de arrendamiento de vivienda publicada en el BOE el día 20 de diciembre, y con entrada en vigor el 1 de enero de 2025) que establece que *"el índice de referencia que se utilizará como límite para la actualización anual de los contratos de arrendamiento de vivienda será el mínimo valor entre la tasa de variación anual del Índice de Precios de Consumo, la tasa de variación anual del Índice de Precios de Consumo subyacente y la tasa de variación anual media ajustada, elaborada según lo previsto en el anexo de esta resolución."* En dicho sentido se publicará mensualmente por el Instituto Nacional de Estadística a mediados de cada mes y reflejará el índice del mes inmediatamente anterior. El primer índice publicado lo fue el 2 de enero de 2025 y limita al 2,20% el incremento de renta en las actualizaciones de la renta en arrendamientos de vivienda.

En los contratos de arrendamiento de uso distinto del de vivienda (local de negocio, arrendamiento de temporada, etc.) no se aplicarán los citados límites de actualización, aplicándose lo que se haya convenido en el contrato de arrendamiento.

Por último y para concluir cabe preguntarse:

Por último, tanto en los arrendamientos de vivienda como en los de uso distinto de vivienda, si el arrendador no ha actualizado la renta pese a que venía establecida la actualización en el contrato de arrendamiento, no puede reclamarle al inquilino con carácter retroactivo el pago de la diferencia de la renta que le hubiese correspondido percibir por dicha revisión. En este caso, lo único que puede hacer el arrendador es actualizar la renta y exigirla únicamente a partir de la notificación al arrendatario.

Respecto a la elevación de rentas por mejora trataremos las siguientes cuestiones.

- El arrendador tiene derecho a elevar la renta anual si realiza obras de mejora en el inmueble, siempre y cuando hayan transcurrido cinco años desde el inicio del contrato, o siete años si el arrendador es una persona jurídica. Este derecho, salvo pacto en contrario, permite al arrendador incrementar la renta aplicando al capital invertido en las mejoras el tipo de interés legal del dinero vigente en el momento de la terminación de las obras, incrementado en tres puntos. Este aumento no podrá exceder el veinte por ciento de la renta vigente en ese momento. Para calcular el capital invertido, se descontarán las subvenciones públicas obtenidas para la realización de las obras.
- Cuando las mejoras realizadas afectan a varias fincas de un edificio en régimen de propiedad horizontal, el arrendador debe repartir proporcionalmente el capital invertido entre todas las fincas, utilizando las cuotas de participación que corresponden a cada una. En edificios que no estén en régimen de propiedad horizontal, la distribución del capital se hará proporcionalmente entre las fincas afectadas por acuerdo entre el arrendador y los arrendatarios. En caso de no llegar a un acuerdo, la distribución se hará en proporción a la superficie de la finca arrendada.

- La elevación de la renta se producirá a partir del mes siguiente a la notificación escrita que el arrendador realice al arrendatario, una vez finalizadas las obras. En dicha notificación, el arrendador deberá especificar la nueva cuantía de la renta, detallando los cálculos que conducen a su determinación y aportando copias de los documentos que justifiquen el coste de las obras realizadas.
- Es posible realizar mejoras en la vivienda arrendada e incrementar la renta durante la vigencia del contrato, siempre que haya un acuerdo previo entre el arrendador y el arrendatario. Esto no interrumpirá el periodo de prórroga obligatoria establecido en el artículo 9, ni la prórroga tácita referida en el artículo 10 de la presente Ley. Además, las obras de mejora acordadas deben superar el mero cumplimiento del deber de conservación que el arrendador tiene según el artículo 21 de esta Ley.

En el caso de los arrendamientos de uso distinto de vivienda, no existe regulación alguna en la LAU, por lo que la misma se determinará mediante la libertad de pactos, así como todas las subidas y condiciones de las mismas.

Jurisprudencia relevante

❒ 1º (*Tol 10180037*) | Civil | Audiencia Provincial de Barcelona | Fecha: 08/07/2024 | Fallo: Fallo estimatorio parcial |

CARGA DE LA PRUEBA DEL PAGO DE LA RENTA – ACREDITACIÓN

El artículo 217 de la LEC establece que incumbe la carga de la prueba de los hechos constitutivos de la demanda al actor y la de los hechos impeditivos, extintivos y excluyentes al demandado, de modo que, probada la existencia de una obligación, es al deudor a quien corresponde la prueba del pago (como hecho extintivo).

En definitiva, es al arrendatario a quien corresponde probar las rentas satisfechas por el mismo, a través de cualquier medio a su alcance que justifique el pago o consignación y, no lo ha hecho.

Lo contrario supondría exigir al arrendador una prueba, no diabólica, sino imposible, en la medida en que se le estaría exigiendo la prueba de un hecho negativo (es decir, probar que no ha recibido el importe de la renta), cuando es a la parte demandada (arrendataria) a quien corresponde probar que el pago se ha verificado, en la medida en que, además de ser una obligación que le incumbe (propia y genuina de la relación locativa), cuenta con toda la disponibilidad para hacerlo.

En aplicación de lo anterior, resulta incuestionable, pues, que, en el caso de autos, la prueba del pago correspondía al recurrente dado que, por más que pretenda sostener que la facilidad probatoria pesa sobre el arrendador, lo cierto es que la única parte de la relación arrendaticia que se encuentra en mejor disposición de acreditar el hecho positivo del pago de la renta es el arrendatario.

❒ 2º (*Tol 10327653*) | Civil | Audiencia Provincial de Valencia | Fecha: 19/09/2024 | Fallo: Fallo desestimatorio | REC: 115/2024 |

Determinación de forma de pago de la renta.

En ese sentido, la Sala entiende que en este caso la falta de cobro de la renta es por una actitud imputable a las arrendatarias y no por una actitud imputable a la arrendadora, puesto que son aquéllas las que interesan una modificación en la forma de pago pactada en contrato de arrendamiento, siendo que ante la negativa de la propietaria a recibir el dinero por medio de transferencia bancaria, las arrendatarias optan por dejar de abonar la renta a partir de la mensualidad de febrero de 2022. Por consiguiente, se concluye que las rentas de febrero de 2022 a enero de 2023 (por importe total de 7.200 euros) no se abonaron en el momento en que deberían haberse pagado por voluntad manifiesta de las codemandadas, siendo que nada impedía que las mismas hubiesen seguido pagando la renta en la forma inicialmente pactada, y en su caso, que hubieran instado el correspondiente procedimiento judicial para la modificación del contrato en cuanto a la forma de pago por no estar conformes con la misma, no siendo pues, en ningún caso, aceptable que unilateralmente dejaran de abonar la renta por no ser de su agrado la forma de pago pactada en contrato, considerándose dicha actitud un incumplimiento grave del contrato de arrendamiento imputable única y exclusivamente a éstas.

4. GASTOS GENERALES Y DE SERVICIOS INDIVIDUALES

Regulación Normativa

Artículo 20. Gastos generales y de servicios individuales.

1. Las partes podrán pactar que los gastos generales para el adecuado sostenimiento del inmueble, sus servicios, tributos, cargas y responsabilidades que no sean susceptibles de individualización y que correspondan a la vivienda arrendada o a sus accesorios, sean a cargo del arrendatario.

En edificios en régimen de propiedad horizontal tales gastos serán los que correspondan a la finca arrendada en función de su cuota de participación.

En edificios que no se encuentren en régimen de propiedad horizontal, tales gastos serán los que se hayan asignado a la finca arrendada en función de su superficie.

Para su validez, este pacto deberá constar por escrito y determinar el importe anual de dichos gastos a la fecha del contrato. El pacto que se refiera a tributos no afectará a la Administración.

Los gastos de gestión inmobiliaria y los de formalización del contrato serán a cargo del arrendador

2. Durante los cinco primeros años de vigencia del contrato, o durante los siete primeros años si el arrendador fuese persona jurídica, la suma que el arrendatario haya de abonar por el concepto a que se refiere el apartado anterior, con excepción de los tributos, sólo podrá incrementarse, por acuerdo de las partes, anualmente, y nunca en un porcentaje superior al doble de aquel en que pueda incrementarse la renta conforme a lo dispuesto en el apartado 1 del artículo 18.

3. Los gastos por servicios con que cuente la finca arrendada que se individualicen mediante aparatos contadores serán en todo caso de cuenta del arrendatario.

4. El pago de los gastos a que se refiere el presente artículo se acreditará en la forma prevista en el artículo 17.4.

Cuestiones útiles

Resulta indubitado que, en un arrendamiento de vivienda, además del importe de la renta que debe satisfacer el arrendatario, elemento básico del contrato, existen una serie de gastos generales y de servicios individuales que deben abonarse porque forman parte de los costes de uso de la vivienda. Fundamentalmente son cuatro: A) Los gastos de Comunidad, B) Los tributos que van afectos a todo alquiler de un inmueble C) Los gastos de gestión inmobiliaria y los de formalización del contrato D) Los servicios y suministros del inmueble

Es por ello que vamos a analizar a quien corresponde pagar estos gastos, si al arrendador o al arrendatario y cuales son en su caso los requisitos necesarios para dicha repercusión.

Si observamos el texto del articulado, podemos establecer en una primera lectura que los "gastos generales y servicios individuales", puede pactarse que sean a cargo del arrendatario siempre bajo dos premisas. La primera es que ese pacto conste por escrito y que se determine su cuantía en el momento del pacto, o voluntariamente por ambas partes en un momento posterior.

Con respecto a los gastos generales, **más conocidos como gastos de comunidad**, debemos indicar que la jurisprudencia ha sido muy taxativa a la hora de exigir los dos requisitos anteriores, para dar por válido dicho pacto, siempre como es lógico que no quede acreditado por otros medios el consenso específico de ambas voluntades. Pongamos como un ejemplo el de un arrendatario que, si bien tan solo ha pactado una cláusula genérica pago de gastos comunidad sin especificación de la cantidad concreta de pago en el momento del contrato, pero que sin embargo se los viene abonando directamente a la comunidad o bien vía propietario, se entiende por la doctrina de los actos propios que ya no podría esgrimir la nulidad de la cláusula por no contener la cantidad exacta abonar. Por tanto, la nulidad de dicha cláusula de pago de gastos de comunidad hecha con carácter genérico, solo podrá ser invocada en momentos mas o menos iniciales del contrato.

Por otro lado y según viene interpretando la jurisprudencia, no puede admitirse, sin más, que el término "gastos de comunidad", pueda reputarse lo suficientemente diáfano como para entender integrado en él todo tipo de gastos y por cualquier causa siempre que fuesen aprobados por la Comunidad, ni menos que el pacto que precede a su repercusión sobre el arrendatario relativo a los gastos de sostenimiento del inmueble sea suficiente para entender comprendido en él tanto los derivados de obras ordinarias como extraordinarias, de simple sostenimiento o reparación como de conservación, rehabilitación y aún de mejora o innovación.

En realidad la cuestión radica en que el objeto del contrato es el arrendamiento de una vivienda y es de cuenta del arrendador, entre otras obligaciones, la conservación del bien arrendado (art. 21 y 30 LAU) y del arrendatario, como capital, el pago de la renta o precio por su uso y disfrute, y a la vez es que los gastos de la Comunidad y su obligación de contribución por el comunero viene dada por razón de su condición de propietario del bien privativo, aun cuando sea posible la convención de su repercusión al arrendatario, por tanto la interpretación más lógica del precepto legal y la que como hemos adelantado realiza la Jurisprudencia es la de restringir el gasto comunitario repercutible a aquél vinculado a los servicios y elementos comunes del inmueble, cuyo uso viene, a su vez, vinculado al disfrute del elemento privativo y su sostenimiento periódico y habitual, y que no es otro que el comúnmente identificado como gasto ordinario, y por tanto no el extraordinario.

Respecto a la posible repercusión de los tributos, debemos tener en cuenta no solo cabe la posible repercusión del Impuesto de Bienes Inmuebles (IBI), sino que el termino tributos, engloba cualquier tipo de impuesto o tasa, por lo que podríamos incluir en este mismo apartado la de basura o alcantarillado, siempre naturalmente que como en el caso anterior se haya pactado expresamente en el contrato, junto con la cantidad correspondiente al pago en cuyo momento se pacta.

Resulta obvio decir que este tipo de gastos, ni los de comunidad, ni los tributos y sus pactos, afectan a terceros de forma y manera que el propietario seguirá siendo responsable directo frente a la comunidad y/o administraciones competentes, independiente del posterior derecho de repetición contra el arrendatario.

En cuanto a los gastos de gestión inmobiliaria y los de formalización del contrato lo serán a cargo del arrendador, siendo nula al amparo del artículo 6° toda cláusula que estipule lo contrario.

Por último, respecto de los servicios individuales, es decir, aquellos cuyo consumo se puede medir por un aparato o sistema creado a tal efecto, como podrían ser el agua, internet, la luz y el gas, por ejemplo, corresponderán siempre al arrendatario, salvo que conste pacto en contrario, es decir, salvo que conste que deberá pagarlos el arrendador.

Para finalizar debemos indicar que, en la normativa de uso distinto de vivienda, no existe normativa alguna al respecto en la LAU, por lo que las partes podrán auto regularse contractualmente en cuanto al pago de todos los antedichos gastos y su repercusión o no en el arrendatario, si bien dichos pactos no afectarán a terceros de la misma forma que lo hemos indicado para uso de vivienda.

Jurisprudencia relevante

- **Las partes no pueden disciplinar un régimen de incremento del importe del pago de los gastos generales diferente del prevenido en aquel precepto, según resultará del artículo 6 de la misma Ley.**

(*Tol 414009*)
Ponente: MEDRANO SANCHEZ, JUAN IGNACIO
Origen: Audiencia Provincial de Zaragoza
Fecha: 19/12/2001
Tipo resolución: Sentencia Sección: Quinta

Ciertamente la norma contenida en el artículo 20.2 de la Ley de Arrendamientos Urbanos de 1994 es de ius cogens y las partes no pueden disciplinar un régimen de incremento del importe del pago de los gastos generales diferente del prevenido en aquél precepto, según resultará del artículo 6 de la misma Ley.

Pero eso es una cosa y otra es que, durante la duración del contrato las partes no puedan acordar una elevación superior. Que sea una norma imperativa no impide una novación modificativa, tendente por lo demás a restablecer el equilibrio originario de las prestaciones, al haber existido una elevación de los gastos generales de la comunidad superiores a los incrementos del IPC y la Sala comparte la apreciación de la prueba contenida en la sentencia de instancia, considerando que existió conformidad de la parte arrendataria en tal incremento, que llegó a estar pagando durante un año.

No mejor suerte merece el reproche de indeterminación que se hace a la sentencia en cuanto impone la obligación de abonar el IBI por no haberse fijado, para su validez, su importe en los términos que exige el artículo 20 de la Ley de Arrendamientos Urbanos de 1994.

Es de destacar que en el contrato se consignó la razón de su indeterminación: "cuya cuantía no se puede consignar por no haber sido girado todavía por la Administración".

Posibilidad de repercusión del IBI, a pesar de no mencionarse expresamente su importe anual exacto, en el momento del pacto.

(*Tol 10109494*)
Roj: SAP Z 597/2024 - ECLI:ES:APZ:2024:597
Id Cendoj: 50297370022024100121
Órgano: Audiencia Provincial
Sede: Zaragoza
Sección: 2
Fecha: 20/03/2024

Nº de Recurso: 641/2023

El art. 20 de la LAV indica que "las partes podrán pactar que los gastos generales para el adecuado sostenimiento del inmueble, sus servicios, tributos, cargas y responsabilidades que no sean susceptibles de individualización y que correspondan a la vivienda arrendada o a sus accesorios, serán a cargo del arrendatario... y añade para su validez deberá constar por escrito y determinar el importe anual de dichos gastos a la fecha del contrato.

TERCERO.- Teniendo en cuenta el contenido literal del contrato (Art. 1281 cc) y considerando que el IBI es un impuesto variable, pudiéndose girar varias veces a lo largo del año, no parece adecuado que por no mencionarse expresamente su importe anual en el momento del pacto, no pueda repercutirse al arrendatario dado el sentido de la cláusula indicada, habiéndose notificado su importe a los recurridos.

- **Para que sea efectiva la repercusión de los gastos de comunidad al arrendatario, es necesario fijar en el contrato la cantidad que se abona en el instante de la suscripción**

Roj: SAP M 16480/2023 - (*Tol 9838694*)
Órgano: Audiencia Provincial
Sede: Madrid
Sección: 25
Fecha: 02/11/2023
Nº de Recurso: 1211/2022
Nº de Resolución: 488/2023

Para que sea efectiva la repercusión de dichos gastos al arrendatario, es necesario fijar en el contrato la cantidad que se abona en el instante de la suscripción

En relación con la primera de dichas cuestiones —la cuestión de orden jurídico— la SALA no puede compartir la conclusión de la sentencia apelada al afirmar la ineficacia o invalidez del pacto relativo a la repercusión a los arrendatarios de los gastos de comunidad, esto es, de los gastos generales para el adecuado sostenimiento del inmueble, sus servicios, cargas y responsabilidades que no sean susceptibles de individualización.

Efectivamente, el artículo 20 de la Ley de Arrendamientos Urbanos condiciona la validez y eficacia del referido pacto de repercusión a que el mismo conste por escrito y a que se determine el importe anual de dichos gastos a la fecha del contrato.

Es decir, para que sea efectiva la repercusión de dichos gastos al arrendatario, es necesario fijar en el contrato la cantidad que se abona en el instante de la suscripción. La razón de ello no es otra que el arrendatario conozca el montante de estos gastos y, por tanto, pueda evaluar claramente el alcance de la obligación que contrae.

- **El hecho de que se hubiere hecho constar únicamente el importe mensual del gasto, cuotas de comunidad, y no el importe anual como establece el precepto legal, no puede determinar la ineficacia del pacto.**

Roj: SAP M 16480/2023 - (*Tol 9838694*)
Id Cendoj: 28079370252023100959
Órgano: Audiencia Provincial
Sede: Madrid
Sección: 25
Fecha: 02/11/2023
Nº de Recurso: 1211/2022
Nº de Resolución: 488/2023

En el presente caso, es indudable que la estipulación contractual cuestionada cumple aquellos requisitos, pues se incluye en el instrumento privado en el que quedó documentado el contrato y con arreglo a su contenido los arrendatarios pudieron conocer perfectamente —con una mera y simple operación aritmética— el importe anual de los "gastos de comunidad" en el momento de la suscripción del contrato: una cuota mensual de 90,00 euros qué, evidentemente, supone un importe anual de 1080,00 euros (90,00 × 12 = 1080,00).

El hecho de que se hubiere hecho constar únicamente el importe mensual del gasto —y no el importe anual como establece el precepto legal— no puede determinar la ineficacia del pacto, por cuanto no cabe ampararse en una interpretación formalista del precepto, cuando se permite al arrendatario conocer perfectamente cuáles el importe del gasto en cómputo anual, pues de esa forma no se vulnera la finalidad pretendida por la Ley Arrendaticia que no es otra que la de evitar un arbitrario incremento de gastos o una subida encubierta de la renta fuera de los parámetros legales, en detrimento de lo convenido con la arrendataria.

- **Desestimación de la reclamación por servicios de limpieza, IBI, o servicios y suministros, por no constar pacto al respecto en la novación contractual.**

(*Tol 9646824*) Roj: SAP B 4941/2023 - ECLI:ES:APB:2023:4941
Id Cendoj: 08019370132023100246
Órgano: Audiencia Provincial
Sede: Barcelona
Sección: 13
Fecha: 04/05/2023
Nº de Recurso: 587/2022
Nº de Resolución: 260/2023

En cuanto a los demás conceptos que se reclaman por el demandante y que son incluidos en los recibos de renta, por servicios de limpieza, IBI, o servicios y suministros, el artículo 20.1, de la Ley 29/1994, de 24 de noviembre, de Arrendamientos Urbanos, permite que pueda pactarse por las partes que sean a cargo del arrendatario los gastos generales para el adecuado sostenimiento del inmueble, sus servicios, tributos, cargas y responsabilidades que no sean susceptibles de individualización y que correspondan a la vivienda arrendada o a sus accesorios.

En este caso, sin embargo, no consta en el nuevo contrato de arrendamiento, nacido a partir de la extinción del anterior, el 12 de diciembre de 2019, ningún pacto por el que los gastos generales del inmueble se pusieran a cargo del arrendatario, no habiendo ninguna referencia a los gastos generales del inmueble en la comunicación

En consecuencia, procede la desestimación de la reclamación por servicios de limpieza, IBI, o servicios y suministros.

Capítulo 5

Derechos y obligaciones de las partes

1. CONSERVACIÓN DE LA VIVIENDA Y OBRAS DE MEJORA (ARTS. 21 Y 22)

Regulación Normativa

Obras en el arrendamiento de vivienda y uso distinto de vivienda

Uso de vivienda:

Artículo 21. Conservación de la vivienda.

1. El arrendador está obligado a realizar, sin derecho a elevar por ello la renta, todas las reparaciones que sean necesarias para conservar la vivienda en las condiciones de habitabilidad para servir al uso convenido, salvo cuando el deterioro de cuya reparación se trate sea imputable al arrendatario a tenor de lo dispuesto en los artículos 1.563 y 1.564 del Código Civil.
La obligación de reparación tiene su límite en la destrucción de la vivienda por causa no imputable al arrendador. A este efecto, se estará a lo dispuesto en el artículo 28.
2. Cuando la ejecución de una obra de conservación no pueda razonablemente diferirse hasta la conclusión del arrendamiento, el arrendatario estará obligado a soportarla, aunque le sea muy molesta o durante ella se vea privado de una parte de la vivienda. Si la obra durase más de veinte días, habrá de disminuirse la renta en proporción a la parte de la vivienda de la que el arrendatario se vea privado.
3. El arrendatario deberá poner en conocimiento del arrendador, en el plazo más breve posible, la necesidad de las reparaciones que contempla el apartado 1 de este artículo, a cuyos solos efectos deberá facilitar al arrendador la verificación directa, por sí mismo o por los técnicos que designe, del estado de la vivienda. En todo momento, y previa comunicación al arrendador, podrá realizar las que sean urgentes para evitar un daño inminente o una incomodidad grave, y exigir de inmediato su importe al arrendador.
4. Las pequeñas reparaciones que exija el desgaste por el uso ordinario de la vivienda serán de cargo del arrendatario.

Artículo 22. Obras de mejora.

1. El arrendatario estará obligado a soportar la realización por el arrendador de obras de mejora cuya ejecución no pueda razonablemente diferirse hasta la conclusión del arrendamiento.
2. El arrendador que se proponga realizar una de tales obras deberá notificar por escrito al arrendatario, al menos con tres meses de antelación, su naturaleza, comienzo, duración y coste previsible. Durante el plazo de un mes desde dicha notificación, el arrendatario podrá desistir del contrato, salvo que las obras no afecten o afecten de

modo irrelevante a la vivienda arrendada. El arrendamiento se extinguirá en el plazo de dos meses a contar desde el desistimiento, durante los cuales no podrán comenzar las obras.
3. El arrendatario que soporte las obras tendrá derecho a una reducción de la renta en proporción a la parte de la vivienda de la que se vea privado por causa de aquéllas, así como a la indemnización de los gastos que las obras le obliguen a efectuar.

2. OBRAS DEL ARRENDATARIO EN CONTRATOS DE ARRENDAMIENTO DE VIVIENDA. TRATAMIENTO ESPECIAL DE ARRENDATARIOS CON DISCAPACIDAD (ARTS. 23 Y 24)

Regulación Normativa

Artículo 23. Obras del arrendatario.
1. El arrendatario no podrá realizar sin el consentimiento del arrendador, expresado por escrito, obras que modifiquen la configuración de la vivienda o de los accesorios a que se refiere el apartado 2 del artículo 2. En ningún caso el arrendatario podrá realizar obras que provoquen una disminución en la estabilidad o seguridad de la vivienda.
2. Sin perjuicio de la facultad de resolver el contrato, el arrendador que no haya autorizado la realización de las obras podrá exigir, al concluir el contrato, que el arrendatario reponga las cosas al estado anterior o conservar la modificación efectuada, sin que éste pueda reclamar indemnización alguna.
Si, a pesar de lo establecido en el apartado 1 del presente artículo, el arrendatario ha realizado unas obras que han provocado una disminución de la estabilidad de la edificación o de la seguridad de la vivienda o sus accesorios, el arrendador podrá exigir de inmediato del arrendatario la reposición de las cosas al estado anterior.

Artículo 24. Arrendatarios con discapacidad.
1. El arrendatario, previa notificación escrita al arrendador, podrá realizar en el interior de la vivienda aquellas obras o actuaciones necesarias para que pueda ser utilizada de forma adecuada y acorde a la discapacidad o a la edad superior a setenta años, tanto del propio arrendatario como de su cónyuge, de la persona con quien conviva de forma permanente en análoga relación de afectividad, con independencia de su orientación sexual, o de sus familiares que con alguno de ellos convivan de forma permanente, siempre que no afecten a elementos o servicios comunes del edificio ni provoquen una disminución en su estabilidad o seguridad.
2. El arrendatario estará obligado, al término del contrato, a reponer la vivienda al estado anterior, si así lo exige el arrendador.

3. OBRAS EN ARRENDAMIENTO DE USO DISTINTO DE VIVIENDA (ART. 30)

Regulación Normativa

Artículo 30. Conservación, mejora y obras del arrendatario.
Lo dispuesto en los artículos 21, 22, 23 y 26 de esta ley será también aplicable a los arrendamientos que regula el presente Título. También lo será lo dispuesto en el artículo 19 desde el comienzo del arrendamiento.

Cuestiones útiles

Para llegar al pleno entendimiento de la LAU y su regulación en la materia, debemos remitirnos inicialmente al código civil y en concreto a los dispuesto en el art. 1554.2° del Código Civil del cual deriva la presente norma, que nos indica que el arrendador tras entregar la cosa arrendada, está obligado:

"A hacer en ella durante el arrendamiento todas las reparaciones necesarias a fin de conservarla en estado de servir para el uso a que ha sido destinada"

Pues bien, la LAU en su art. 21 y siguiendo como hemos indicado, el espíritu y regulación del artículo 1554° del Código Civil nos indica:

«1. El arrendador está obligado a realizar, sin derecho a elevar por ello la renta, todas las reparaciones que sean necesarias para conservar la vivienda en las condiciones de habitabilidad para servir al uso convenido.

2° Que habrá de hacerlo en todo caso, salvo cuando el deterioro de cuya reparación se trate sea imputable al arrendatario a tenor de lo dispuesto en los artículos 1.563 y 1.564 del Código Civil.

En conclusión, la LAU es taxativa al entender que le corresponde al arrendador asumir el coste de las obras de conservación y reparación para mantener la vivienda en condiciones de habitabilidad, sin que pueda repercutir coste alguno al arrendatario y por supuesto siendo nulo todo pacto en contrario conforme al artículo 6° de este mismo cuerpo legal.

Concepto de obras de conservación en materia de arrendamientos

A este respecto podemos afirmar que la Jurisprudencia viene entendiendo como reparaciones necesarias, a efectos del presente artículo, aquellas que hacen referencia tanto a las obras u operaciones encaminadas a la restauración de los deterioros o menoscabos sufridos en la vivienda arrendada, como en cuanto a la conservación de los mismos. Es decir, aquellas que deben realizarse ineludiblemente y no aumentan el valor ni la productividad de la cosa arrendada.

En definitiva, el concepto de reparación y conservación refiere a aquel gasto u obra sin la cual quedaría la cosa arrendada inservible o menoscabada para su uso.

En todo caso, el arrendatario está obligado a soportar esas obras de conservación cuando su ejecución no pueda razonablemente diferirse hasta la finalización del arrendamiento, aunque resulte muy molesta o durante la misma se vea privado de una parte de la vivienda.

Eso sí, en caso de que la obra tuviera una duración superior a 20 días, deberá disminuirse la renta en proporción a la parte de la vivienda de la que se vea privado durante el tiempo que duren las mismas.

Procedimiento:

– **El arrendatario debe de poner necesariamente en conocimiento del arrendador**, en el plazo más breve posible, la necesidad de las reparaciones que contempla el apartado 1° de este artículo, a cuyos solos efectos deberá facilitar al arrendador la verificación directa, por sí mismo o por los técnicos que designe del estado de la vivienda. Es decir, para ello y como excepción a la norma general de la LAU, debe permitir la entrada en su domicilio del arrendador o de los técnicos designados por este para la verificación y alcance de las mismas.

Para el caso de las mismas sean urgentes, el arrendatario podrá realizar en todo momento y previa comunicación al arrendador, siempre que tengan como fin evitar un daño inminente o una incomodidad grave, y exigir más tarde el importe al arrendador de forma inmediata.

Obviamente en caso de disputa entre arrendador y arrendatario derivado del antedicho supuesto, la carga de la prueba de la urgencia la ostenta el arrendatario, y a falta de acuerdo, deberá dirimirse en el juicio correspondiente.

Cuando la ejecución de la obra de conservación o acordada por autoridad competente haga inhabitable la vivienda arrendada, el arrendatario tendrá la facultad de suspender el contrato o, si lo prefiere, desistir del mismo, sin indemnización alguna.

Quedan excluidas de las obligaciones del arrendador según el artículo 21.4, las pequeñas reparaciones que exija el desgaste por el uso ordinario de la vivienda que serán de cargo del arrendatario, que podríamos conceptuar de forma genérica como todos aquellos elementos u objetos que se utilizan diariamente y que no forman parte de las instalaciones o servicios generales del inmueble, cuyo defecto se produce por el desgaste que genera el uso ordinario de la vivienda

Con respecto a las obras de mejora, debemos establecer tres apartados:

1. Obligación del arrendatario de soportar obras de mejora

El arrendatario está obligado a soportar la realización de obras de mejora por parte del arrendador cuando dichas obras no puedan posponerse razonablemente hasta el fin del contrato de arrendamiento.

2. Notificación previa del arrendador

El arrendador que desee llevar a cabo dichas obras de mejora deberá notificarlo por escrito al arrendatario con al menos tres meses de antelación. En la notificación, el arrendador debe indicar la naturaleza de las obras, el inicio, la duración y el coste aproximado. Tras recibir la notificación, el arrendatario tiene un plazo de un mes para desistir del contrato, siempre y cuando las obras afecten significativamente a la vivienda arrendada. En caso de desistimiento, el arrendamiento terminará en un plazo de dos meses desde que se comunique el desistimiento, y durante este periodo no se podrán iniciar las obras.

3. Derechos del arrendatario durante las obras

El arrendatario que soporte las obras tiene derecho a una reducción proporcional en la renta si las obras lo privan del uso de alguna parte de la vivienda. Además, tendrá derecho a ser indemnizado por los gastos que se le generen debido a las obras.

No obstante, y si nos atenemos a la definición de termino "razonable" según el diccionario de la Real Academia de la lengua encontramos dos acepciones: **1°** "Adecuado, conforme a razón" y **2°** "Proporcionado o no exagerado". Si tratamos de aplicar estas acepciones al fin del artículo del 22, no podemos si no insistir en la ambigüedad del término y en la situación multifactorial que lo envuelve, lo que hace casi imposible establecer una definición jurídica aplicada al término en este contexto, que va a depender de cada caso en concreto.

Por otra parte, no cabe duda de que no parece razonable hacer obras de mejora durante el arrendamiento de forma que se perturbe el uso de la vivienda al arrendatario, y desde luego es algo que resulta absolutamente inusual en la práctica cotidiana.

Respecto de las obras del arrendatario, del articulado podemos extraer dos conclusiones en cuanto a su contenido:

1° La primera es que el arrendatario no puede realizar obras que modifiquen la configuración de la vivienda o de los accesorios a que se refiere el apdo. 2 del art. 2°, es decir, mobiliario, trasteros, plazas de garaje y cualesquiera otras dependencias, espacios arrendados o servicios cedidos como accesorios de la finca por el mismo arrendador, salvo en el supuesto que haya mediado consentimiento expreso del arrendador; y tampoco podrá realizar las que provoquen una disminución en la estabilidad o seguridad de la vivienda. Estas últimas por cuestiones obvias, no podrán ser realizadas ni con autorización.

2° La segunda es que interpretando a sensu contrario lo antedicho el arrendatario podrá ejecutar todas aquellas obras que no alteren la configuración de la vivienda o bien que si la alteran dispongan del consentimiento expreso por escrito del arrendador.

En el presente caso la norma como hemos indicado, exige para la realización de las obras que no alteren la configuración de la vivienda, que el consentimiento del arrendador, lo sea por escrito, lo que no impide como hemos indicado en anteriores apartados que pueda ser acreditado ese conocimiento expreso por otros medios dentro del ámbito de la prueba en el proceso, correspondiendo en este caso al arrendatario conforme al 217 de la LEC, la carga de la prueba.

Por tanto, y llegado este punto aparece como definitivo para el entendimiento del precepto **el concepto de configuración**, que va nos va a determinar la posibilidad o no de realización de las obras.

La configuración para la Jurisprudencia es un concepto indeterminado, circunstancial y contingente, que cada tribunal califica en atención a las particularidades concurrentes en el objeto arrendado, conforme a la prueba que recibe de las partes y valora en cada caso, dando lugar un casuismo jurisprudencial, como hemos indicado, muy ajustado al supuesto concreto, si bien y como norma general si podríamos considerar que se considera alteración de la configuración, la alteración del espacio comprendido en la vivienda arrendada, bien sea procediendo a su incremento o disminución o provocando una variación sustancial en su distribución. También podríamos incluir con carácter general en el supuesto las obras llamadas fijas o de fábrica, empotradas en el suelo y techo y practicadas con materiales de construcción, no así las de carácter mueble no incorporadas al edificio o adheridas de tal forma que puedan repararse sin menoscabo o deterioro del mismo; y tampoco las obras de madera no empotradas en la estructura del edificio y fácilmente desmontables o los tabiques de madera y cristal no adheridos a la obra.

Fuera de la norma quedan lógicamente no solo estas obras móviles, sino las de mera conservación, reparación, adecentamiento y las necesarias dirigidas a mantener al inmueble en el estado que se refiere para destinarlo al fin previsto y en general aquellas llevadas a cabo por el arrendatario para evitar un daño inminente o incomodidad grave, por no tratarse de obras realizadas por su voluntad, sino impuestas por causas o circunstancias no queridas.

Obras prohibidas para el arrendatario y sus consecuencias

1. Acciones que el arrendador puede tomar al finalizar el contrato

Si el arrendatario ha hecho modificaciones en la vivienda sin el permiso del arrendador, al finalizar el contrato, el arrendador tiene dos opciones:

Exigir que se devuelva la vivienda a su estado original: Esto significa que el arrendatario deberá deshacer las obras y dejar la vivienda tal como estaba al inicio del contrato.

Mantener las modificaciones sin pagar indemnización al arrendatario: El arrendador puede decidir quedarse con las modificaciones hechas, pero el arrendatario no recibirá compensación económica por los cambios.

Ejemplo:

Un inquilino decide, sin permiso del propietario, cambiar el suelo de la vivienda por parquet de alta calidad. Al finalizar el contrato, el propietario puede: Pedir al inquilino que vuelva a poner el suelo original de la vivienda, o dejar el parquet nuevo sin tener que pagarle al inquilino por el coste de la mejora.

2. Consecuencias inmediatas por obras que comprometen la seguridad o estabilidad

Si el arrendatario ha hecho obras que ponen en riesgo la seguridad o la estabilidad de la vivienda, el arrendador puede pedir de inmediato que se deshagan esas modificaciones, y la consiguiente resolución del contrato, sin tener que esperar a que termine el mismo.

Ejemplo:

El inquilino decide quitar una pared para hacer un espacio abierto en la sala, pero esta obra afecta la estructura de la vivienda y pone en peligro la estabilidad del edificio. El propietario, al enterarse de ese hecho, puede exigir inmediatamente que el inquilino vuelva a reponer la pared, sin esperar a que finalice el contrato, ya que la obra pone en riesgo la seguridad del edificio, y en su caso resolver el contrato.

Respecto a las obras relativas a la discapacidad del art. 24 de la LAU, no da la norma, ningún concepto de discapacidad, por tanto al igual que en otros ámbitos del derecho deberemos acudir al art. 2 a) RDLeg 1/2013, de 29 de noviembre, por el que se aprueba el Texto Refundido de la Ley General de Derechos de las Personas con Discapacidad y de su Inclusión Social, que define la discapacidad: "Como aquella situación que resulta de la interacción entre las personas con deficiencias previsiblemente permanentes y cualquier tipo de barreras que limiten o impidan su participación plena y efectiva en la sociedad, en igualdad de condiciones con las demás". Además de la incapacidad la LAU prevé un criterio meramente objetivo para las obras antedichas, que es el de tener una edad superior a setenta años.

Cumplidos uno de estos dos requisitos, el de estar englobado dentro del concepto de discapacidad antes referido o tener más de setenta años, el arrendatario previa comunicación al arrendador podrá realizar en el interior de la vivienda aquellas obras o actuaciones necesarias para que pueda ser utilizada de forma adecuada y acorde a la discapacidad o a la edad superior a setenta años, tanto del propio arrendatario como de su cónyuge, de la persona con quien conviva de forma permanente en análoga relación de afectividad, con independencia de su orientación sexual, o de sus familiares que con alguno de ellos convivan de forma permanente, siempre que no afecten a elementos o servicios comunes del edificio ni provoquen una disminución en su estabilidad o seguridad.

En este caso la comunicación, no hace necesaria ninguna autorización porque la misma viene dada "ex lege", de forma que no puede existir oposición por parte del arrendador.

Si debemos tener en cuenta que, a la finalización del contrato, el arrendatario deberá si así lo exige el arrendador reponer la vivienda al estado anterior previo a la realización de las obras.

Naturalmente puede darse el supuesto de que el arrendatario se niegue a ejecutar tales obras, entonces el arrendador deberá acudir al correspondiente juicio declarativo ordinario, consecuencia de la reserva por razón de la materia que impone el art. 249.1. 6° LEC, exigiendo la ejecución de las mismas, así como la consiguiente indemnización por los daños y perjuicios sufridos.

Respecto de las obras en los arrendamientos de uso distinto de vivienda, debemos de partir del concepto que será muy repetido a lo largo de este título III, de que lo normado por ley que es la referencia a los capítulos referidos en vivienda ya anteriormente comentados solo opera en defecto de pacto de partes, es decir si las partes pactan lo contrario a lo establecido de forma imperativa en el título II, será perfectamente válido.

Así, por ejemplo, si en un contrato de local de negocio, pactamos que las obras de conservación del local arrendado serán por cuenta del arrendatario, dicha cláusula será perfectamente válida, mientras sería nula en el ámbito de vivienda en función de lo preceptuado en el artículo 6° de la LAU. Si por el contrario no pactamos nada al respecto por remisión del artículo 30° al 20° de la LAU como acabamos de indicar, lo serán por cuenta del arrendador.

Jurisprudencia relevante

❒ OBLIGACIÓN DE REPARACIÓN EN RELACIÓN A LAS OBRAS DE CONSERVACIÓN. DICHA OBLIGACIÓN AFECTA AL INTERIOR DE LA VIVIENDA O LOCAL, PERO A NO A LOS ELEMENTOS COMUNES.

(*Tol 7404382*)
Origen: Audiencia Provincial de Salamanca
Fecha: 10/06/2019
Tipo resolución: Sentencia Sección: Primera
Número Sentencia: 232/2019 Número Recurso: 601/2018

Efectivamente constituye un hecho indubitado que las humedades que sufre el local objeto de arrendamiento, propiedad del recurrente, y consecuencia de las mismas los daños y perjuicios reclamados en el presente procedimiento, provienen de un defecto constructivo de un elemento común, en concreto del muro-fachada exterior del edificio en el cual se ubica el local comercial, elemento común que precisa para su reparación de impermeabilización desde el exterior para evitar las constantes filtraciones de agua. Partiendo de dicha acreditación, la sentencia recurrida concluye, en clara contradicción con la doctrina jurisprudencial fijada al efecto, que los daños y perjuicios sufridos por la arrendataria los cuales provienen de las humedades del muro como elemento común se incluirían en las obligaciones que tanto el artículo 1554 CC como el artículo 21 LAU de 1994 imponen al arrendador. Pues bien, dicha conclusión no se ajusta a la línea jurisprudencial establecida por la cual el arrendador vendrá obligado a las reparaciones de los daños que afecten a las instalaciones y componentes privativos del local arrendado y no así a los elementos comunes del edificio como ocurre en el caso de autos. Por lo anterior, el motivo ha de estimarse." Nos encontramos por tanto en el mismo supuesto, ya que no es objeto de discusión que la inundación se produjo como consecuencia de una rotura de las tuberías de aguas residuales de los propietarios.

❒ NO CONCURRENCIA DE REQUISITOS PARA LA REALIZACIÓN DE OBRAS URGENTES POR EL ARRENDATARIO

(*Tol 1575621*)
Origen: Audiencia Provincial de Madrid
Fecha: 10/06/2009
Tipo resolución: Sentencia Sección: Décima
Número Sentencia: 392/2009 Número Recurso: 236/2009

El arrendatario, de acuerdo con el inciso final del art. 21. 3 LAU, permite —no obliga— al arrendatario a efectuar reparaciones urgentes. Nos hallamos, pues, ante una facultad de sustitución de la actividad del arrendador refractario a llevarlas a cabo en cumplimiento de la obligación prevista en el art. 21.3 LAU. Así lo pone de relieve el empleo de la expresión «podrá» de la regla 3ª.

En todo caso, los requisitos legales exigidos para que el arrendatario pueda realizar las reparaciones urgentes a que hace mención el artículo 21.3 LAU son: a) Que se trate de reparaciones urgentes para evitar un daño inminente o incomodidad grave, y a tal efecto se requiere: 1.- Que sea una reparación necesaria, ya que la urgencia es una modalidad de necesidad, cualificada por la premura o perentoriedad de su realización; 2.- Que tenga cierta importancia, es decir, que se trate de prevenir un daño inminente o una incomodidad grave. La inminencia del daño o la gravedad de la incomodidad son cuestiones de hecho que sólo a los Tribunales corresponde determinar en cada caso.

Con todo, la inminencia del daño parece aludir a aquellas reparaciones «imprescindibles» para evitar un daño actual y atiende a una cualificación determinada por la existencia de un fundado temor o peligro de que suceda el evento dañoso en la vivienda arrendada. Por su parte, la gravedad de la incomodidad debe apreciarse en relación con las condiciones de habitabilidad pactadas en el arrendamiento; 3.- Que el daño o la incomodidad no hayan sido causados por el arrendatario dolosa o culposamente ya que, en tal caso, las reparaciones serán de su cargo, sin perjuicio del derecho del arrendador a resolver el contrato cuando medie dolo —art. 27.2 d) LAU—; 4.- Que es indiferente que el daño sea en el interior o en el exterior del edificio, o que lo padezcan los elementos comunes. b) Que el arrendatario, previamente a su ejecución, comunique al arrendador la necesidad de llevar a cabo las reparaciones urgentes a que se refiere el artículo 21.3 LAU. Este trámite se introduce con una doble finalidad: por una parte, que el arrendador tenga noticia del estado de la vivienda y de la necesidad de prevenir un daño inminente en su propiedad; y por otra, que el arrendador tenga oportunidad de realizarlas por sí de forma perentoria. En este último caso, además, el arrendatario excluye su responsabilidad por los daños inminentes que pueda sufrir la vivienda.

La sentencia puede concluir y así procede, acertadamente a criterio de esta Sala, tras el examen de los elementos probatorios, que la sustitución del aparato de aire acondicionado no era indispensable; y no es razonable cuestionar sobrevenidamente la insuficiente potencia o inadecuación de la instalación existente —declarada conocida y aceptada en el contrato—para justificar dicha sustitución. Como asevera la Sentencia recurrida, asimismo con acierto, en rigor esa y no otra era la instalación con que contaba la vivienda y dentro del mes siguiente a la firma del contrato no se formuló objeción alguna a sus características o pretendidas deficiencias. Así las cosas, se pretende partir de hechos no acreditados y sin desvirtuar adecuadamente las pruebas practicadas se concluye precisamente con aquello que previamente sería preciso demostrar: el aparato de aire acondicionado podía haberse reparado y no era, en sentido estricto, ni urgente ni indispensable su sustitución, de modo que sólo puede, en rigor calificarse como «mejora» y, por ende, el importe invertido en la sustitución no es crédito legítimo del arrendatario.

En la misma sentencia en cuanto a la definición de obras de conservación.

El art. 21 LAU establece con carácter general la obligación recayente sobre el arrendador de realizar todas las reparaciones necesarias para conservar la vivienda en condiciones de habitabilidad para servir al uso convenido. Desde luego, el concepto de reparaciones necesarias a que hace mención el precepto habrá de buscarse en la doctrina y en la jurisprudencia, puesto que ni la LAU, ni el Código Civil lo ofrecen.

En principio, las obras de reparación y las de conservación de la vivienda arrendada no son exactamente identificables. Las primeras se identifican con aquellas que son imprescindibles para que la vivienda recobre el estado o cualidades pactadas y perdidas o destruidas bien por el transcurso del tiempo, bien por causa imputable a cualquiera de las partes, bien por fuerza mayor o caso fortuito. Las obras de conservación, en cambio, son aquellas que se verifican en la vivienda arrendada en prevención de una posible destrucción o pérdida de las cualidades o condiciones de habitabilidad para servir al uso convenido. Sin embargo, los gastos de reparación necesaria son aquellos que resultan indispensables para la conservación de la cosa, es decir, aquellos que no pueden dejar de hacerse sin perjudicar la conservación de la cosa arrendada. De ahí que, en suma, pueda defenderse que las reparaciones a que hace mención el artículo 21 LAU son aquellas referidas tanto a las obras u operaciones encaminadas a la restauración de los deterioros o menoscabos sufridos en la vivienda arrendada, como a la conservación de la misma, es decir, aquellas que deben realizarse inexcusablemente y no aumentan el valor ni la productividad de la cosa arrendada.

El concepto de reparación, pues, hace referencia a aquel gasto u obra sin la cual quedaría la vivienda arrendada inservible para su uso e, incluso, llegaría a destruirse. Por ello, quedan sujetos a reparación todos aquellos deterioros que eliminen o puedan eliminar en la vivienda arrendada las condiciones de habitabilidad pactadas para su uso por el arrendatario, es decir, los deterioros procedentes del mero transcurso del tiempo, por desgaste natural de la cosa o por el uso ordinario de la misma, o por caso fortuito y fuerza mayor. En este último sentido, habrá que incluir aquellas obras necesarias ordenadas por la Autoridad pública competente en materia de salubridad, saneamiento y seguridad de la vivienda arrendada (STS 17 febrero 1993 [RJ 1993, 12381), como también el pago de las contribuciones y cargas inherentes al uso o goce de la vivienda.

❒ **En cuanto al concepto y definición de pequeñas reparaciones**

(*Tol 8044054*)
Audiencia Provincial de La Coruña
Fecha: 15/05/2020

: Sentencia Sección: Quinta

"Así pues lo único que se puede exigir al arrendatario son las pequeñas reparaciones que exija el desgaste por el uso ordinario de la vivienda, porque así lo especifica el citado apdo. 4 del art. 21 LAU.

Reparaciones estas entre las que cabe citar, por ejemplo, las que sean consecuencias del uso de los grifos, así como las que sean consecuencia del uso de las instalaciones y servicios propios de la vivienda, tal como ha venido citando la jurisprudencia, lo que, sin embargo, ha venido considerando que no debe incardinarse en el concepto de "pequeña reparación" el repaso de pintura de la vivienda.

En definitiva: ¿Cuáles son las pequeñas reparaciones a que se refiere el último apartado del artículo? Desde luego no es fácil tampoco contestar de forma concreta. Descartando la pintura de la casa, el arreglo del suelo y cualquier otro supuesto que corresponda a la estructura o decoración global de la vivienda, a cuenta del arrendador, de lo que debe hacerse cargo el arrendatario es, por ejemplo, de arreglar los grifos, la cerradura de la puerta, las persianas, etc., esto es, todo aquello que se utiliza diariamente y que no forma parte de las instalaciones o servicios generales del inmueble. Por decirlo de otra manera, las paredes, el suelo, el techo, las tuberías y todos los elementos que están ahí estáticos, forman parte de la estructura y son reparaciones a cuenta del arrendador, pero aquello que se toca, se maniobra, se utiliza de forma diaria por la familia, debe ser repuesto por el arrendatario.

- **Validez de pacto contractual en el que se fija un límite para que el arrendador denuncie los desperfectos ocasionados por el arrendatario.**

(*Tol 1027117*)
Origen: Audiencia Provincial de Soria
Fecha: 26/09/2006
Tipo resolución: Sentencia Sección: Primera
Número Sentencia: 110/2006 Número Recurso: 160/2006

Otro lado, el art. 30 LAU de 1994 se remite a las normas relativas a los arrendamientos de viviendas (art. 21.1) que imponen al arrendatario la obligación de responder del deterioro o desperfectos en la cosa arrendada a él imputables conforme a lo dispuesto en los arts. 1.563 y 1.564 C.Civil, lo que implica una presunción "iuris tantum" que atribuye responsabilidad al arrendatario por el deterioro sufrido por la cosa arrendada, cuyo fundamento radica, como ha señalado la jurisprudencia, en la circunstancia de que es al arrendatario o inquilino a quien es más fácil probar que el evento dañoso en la cosa bajo su custodia y posesión se produjo sin culpa por su parte (sentencias del Tribunal Supremo, entre otras, de 12-12-1988, 28-11-1991, 30-12-1995 y 29-1-1996). A juicio de esta Sala resulta difícilmente cuestionable que el principio de autonomía de la voluntad —que, como ya ha quedado expuesto, juega un papel fundamental en el caso de los arrendamientos urbanos para uso distinto de vivienda— permite que las partes modulen la obligación de responder por los deterioros en la cosa arrendada o subordinen esta responsabilidad a la reclamación de desperfectos por parte del arrendador dentro del término libremente convenido tras la finalización de la relación locativa y la devolución de la cosa objeto del negocio jurídico arrendaticio, en la medida en que la modulación de la obligación no contravenga ninguna de las normas imperativas de la propia LAU o los preceptos del C.Civil relativos a las obligaciones y contratos (incluidas las que se refieren al arrendamiento de fincas urbanas) o que delimitan de forma genérica el juego de la autonomía de la voluntad (art. 1.255 C.Civil y demás concordantes). Como señala acertadamente el Juez de Primera Instancia en la fundamentación jurídica de su sentencia, la existencia de un pacto en virtud del cual el arrendador viene obligado a denunciar la existencia de daños o desperfectos a cargo del arrendatario dentro de un plazo determinado a partir de la finalización de la relación arrendaticia y de la devolución de la cosa cedida en arriendo opera en beneficio de ambas partes en dicha relación jurídica, pues dispensa al arrendador de la carga de denunciar o poner de manifiesto los desperfectos en el momento mismo de la recepción de la cosa arrendada, y al mismo tiempo proporciona al arrendatario la seguridad de que no responderá de otros desperfectos que los provocados en el curso de la relación locativa ya finalizada, excluyendo los que hubieran podido causarse por otro arrendatario en el caso de que el local hubiera sido nuevamente arrendado, dado que el juego de la presunción "iuris tantum" plasmada en los arts. 1.263 y 1.264 C.Civil podría llevar al primer arrendatario a responder de desperfectos no causados por él.

4. DERECHO DE ADQUISICIÓN PREFERENTE, VIVIENDA Y USO DISTINTO DE VIVIENDA

Regulación Normativa

Artículo 25. Derecho de adquisición preferente.

1. En caso de venta de la vivienda arrendada, tendrá el arrendatario derecho de adquisición preferente sobre la misma, en las condiciones previstas en los apartados siguientes.

2. El arrendatario podrá ejercitar un derecho de tanteo sobre la finca arrendada en un plazo de treinta días naturales, a contar desde el siguiente en que se le notifique en forma fehaciente la decisión de vender la finca arrendada, el precio y las demás condiciones esenciales de la transmisión.

Los efectos de la notificación prevenida en el párrafo anterior caducarán a los ciento ochenta días naturales siguientes a la misma.

3. En el caso a que se refiere el apartado anterior, podrá el arrendatario ejercitar el derecho de retracto, con sujeción a lo dispuesto en el artículo 1.518 del Código Civil, cuando no se le hubiese hecho la notificación prevenida o se hubiese omitido en ella cualquiera de los requisitos exigidos, así como cuando resultase inferior el precio efectivo de la compraventa o menos onerosas sus restantes condiciones esenciales. El derecho de retracto caducará a los treinta días naturales, contados desde el siguiente a la notificación que en forma fehaciente deberá hacer el adquirente al arrendatario de las condiciones esenciales en que se efectuó la compraventa, mediante entrega de copia de la escritura o documento en que fuere formalizada.
4. El derecho de tanteo o retracto del arrendatario tendrá preferencia sobre cualquier otro derecho similar, excepto el retracto reconocido al condueño de la vivienda o el convencional que figurase inscrito en el Registro de la Propiedad al tiempo de celebrarse el contrato de arrendamiento.
5. Para inscribir en el Registro de la Propiedad los títulos de venta de viviendas arrendadas deberá justificarse que han tenido lugar, en sus respectivos casos, las notificaciones prevenidas en los apartados anteriores, con los requisitos en ellos exigidos. Cuando la vivienda vendida no estuviese arrendada, para que sea inscribible la adquisición, deberá el vendedor declararlo así en la escritura, bajo la pena de falsedad en documento público.
6. Cuando la venta recaiga, además de sobre la vivienda arrendada, sobre los demás objetos alquilados como accesorios de la vivienda por el mismo arrendador a que se refiere el artículo 3, no podrá el arrendatario ejercitar los derechos de adquisición preferente sólo sobre la vivienda.
7. No habrá lugar a los derechos de tanteo o retracto cuando la vivienda arrendada se venda conjuntamente con las restantes viviendas o locales propiedad del arrendador que formen parte de un mismo inmueble ni tampoco cuando se vendan de forma conjunta por distintos propietarios a un mismo comprador la totalidad de los pisos y locales del inmueble. En tales casos, la legislación sobre vivienda podrá establecer el derecho de tanteo y retracto, respecto a la totalidad del inmueble, en favor del órgano que designe la Administración competente en materia de vivienda, resultando de aplicación lo dispuesto en los apartados anteriores a los efectos de la notificación y del ejercicio de tales derechos.
Si en el inmueble sólo existiera una vivienda, el arrendatario tendrá los derechos de tanteo y retracto previstos en este artículo.
8. No obstante lo establecido en los apartados anteriores, las partes podrán pactar la renuncia del arrendatario al derecho de adquisición preferente.
En los casos en los que se haya pactado dicha renuncia, el arrendador deberá comunicar al arrendatario su intención de vender la vivienda con una antelación mínima de treinta días a la fecha de formalización del contrato de compraventa.

Artículo 31. Derecho de adquisición preferente.
USO DISTINTO DE VIVIENDA
Lo dispuesto en el artículo 25 de la presente ley será de aplicación a los arrendamientos que regula este Título.

Cuestiones útiles

Respecto del derecho de adquisición preferente en vivienda, debido a la farragosa casuística, establecemos un sistema de resumen por apartados, para una mayor claridad del lector, así:

Derecho de adquisición preferente del arrendatario: En caso de venta de la vivienda arrendada, el arrendatario tendrá un derecho de adquisición preferente sobre la misma, conforme a las condiciones establecidas en los apartados siguientes.

Derecho de tanteo: El derecho de tanteo es aquel que otorga la preferencia a quien lo tenga, en este caso el arrendatario, de adquirir el bien al mismo precio en que pudiera hacerlo un tercero que estuviese interesado en comprarlo.

Pues bien, según el articulado, el arrendatario podrá ejercitar un derecho de tanteo sobre la finca arrendada en un plazo de treinta días naturales, contados a partir de la notificación fehaciente de la decisión de vender la finca, incluyendo el precio y demás condiciones esenciales de la transmisión. Esta notificación caduca a los ciento ochenta días naturales.

Derecho de retracto: Si no se cumple con la notificación exigida, o si se omiten requisitos, o si el precio efectivo de la compraventa es inferior, el arrendatario podrá ejercer el denominado derecho de retracto, conforme al artículo 1.518 del Código Civil. Este derecho caduca a los treinta días naturales desde la notificación fehaciente de las condiciones de la compraventa, con entrega de copia de la escritura.

Preferencia del derecho del arrendatario: El derecho de tanteo o retracto del arrendatario prevalecerá sobre cualquier otro derecho similar, salvo dos supuestos, el retracto reconocido al condueño de la vivienda o el convencional inscrito en el Registro de la Propiedad al momento del contrato de arrendamiento.

Inscripción en el Registro de la Propiedad: Para inscribir en el Registro de la Propiedad los títulos de venta de viviendas arrendadas, debe justificarse que se han realizado las notificaciones exigidas. Si la vivienda no está arrendada, el vendedor debe declarar esta situación en la escritura bajo pena de falsedad en documento público, medida esta adoptada por el legislador en su momento en aras de evitar fraudes, muy comunes en determinadas épocas.

Venta conjunta de vivienda y accesorios: Si la venta incluye, además de la vivienda arrendada, otros objetos alquilados como accesorios, el arrendatario no podrá ejercer los derechos de adquisición preferente solo sobre la vivienda, si no sobre el conjunto de los mismos.

Excepciones al derecho de tanteo y retracto: No existe el derecho de adquisición preferente en los casos de transmisión conjunta de una vivienda con las restantes viviendas o locales propiedad del arrendador que formen parte de un mismo inmueble o cuando se venda de forma conjunta por distintos propietarios a un mismo comprador, la totalidad de los pisos y locales del inmueble. Por lo tanto, no es necesario que se produzca la transmisión de la totalidad del inmueble para excluir el derecho, sino que es suficiente que sean todas las que pertenecen al arrendador en un inmueble o a varios, o bien cuando se efectúe de forma conjunta.

Derecho de adquisición preferente a favor de las Administraciones Públicas

Es una novedad introducida por la reforma operada por el RDL 7/2019, de 1 de marzo, que otorga los derechos de tanteo y retracto al órgano que designe la Administración competente, para el caso de venta de la totalidad de un inmueble. Dicha reforma tuvo en realidad la intención de poder actuar en la compra completa de un edificio, frente a los grandes fondos de inversión inmobiliaria. Sin embargo, es una facultad que a día de hoy apenas es utilizada por la administración pública, careciendo casi de virtualidad fáctica.

Renuncia al derecho de adquisición preferente: Las partes pueden pactar la renuncia del arrendatario a este derecho.

Sin embargo, si se pacta la renuncia, el arrendador deberá comunicar su intención de vender la vivienda al arrendatario con al menos treinta días de antelación a la fecha de formalización del contrato de compraventa, para conocimiento del mismo.

En la práctica cotidiana, son muy pocos los contratos de arrendamiento de vivienda en los que no se lleva a cabo esta renuncia, que, por otra parte, según expresamos en el artículo 6° debe ser siempre expresa e indubitada.

Respecto del derecho de adquisición preferente para uso distinto, De nuevo nos encontramos en el mismo supuesto, ya que reiteramos el artículo 4° de la LAU establece que los arrendamientos para uso distinto de la vivienda se rigen por la voluntad de las partes y en su defecto por lo dispuesto en el título III en el que se encuentra el presente artículo 31°, que declara aplicable a estos arrendamientos el derecho de adquisición preferente regulado en el artículo 25° para arrendamientos de viviendas, por lo que los derechos que se recogen en el artículo 25 de la LAU no tienen carácter imperativo y, por tanto, pueden ser excluidos en el contrato de arrendamiento de local por la voluntad de las partes.

Es decir, si las partes por ejemplo pactan la renuncia al derecho de adquisición preferente del arrendatario en el contrato, este no existirá. Si las partes pactan su existencia, el mismo también tendrá nacimiento a la vida jurídica del contrato. Y por último si no pactan nada al respecto por remisión del presente artículo al 25 de la LAU como indica el precepto, si existirá ese derecho de adquisición preferente pues lo prevé dicho artículo. Naturalmente, tales pactos no pueden afectar a normas imperativas, bien sean sustantivas o procesales.

Pongamos un ejemplo de cada una de las situaciones:

Primer supuesto: El dueño de una tienda de ropa y el propietario del local acuerdan en el contrato que el arrendatario no tendrá derecho preferente si el local se pone en venta. Más tarde, el arrendador vende el local a un tercero, por tanto no tendrá necesidad de ofrecer primero la venta al arrendatario, ya que la renuncia al derecho de adquisición preferente está pactada y es válida bajo el principio de autonomía de la voluntad.

Segundo supuesto: En el contrato de alquiler de una cafetería, el propietario y el inquilino pactan expresamente que si el local se pone a la venta, el arrendatario tendrá el derecho de tanteo para comprar el local antes de que se venda a un tercero. Un año más tarde, cuando el arrendador decide vender el local, estaría obligado por el contrato a informar al arrendatario a fin de que este ejerza su derecho de tanteo.

Tercer supuesto: En el arrendamiento de un local para una librería, ni el propietario ni el inquilino mencionan nada sobre el derecho de adquisición preferente en el contrato. Dos años más tarde, el arrendador decide vender el local a un tercero. Como no hubo renuncia expresa al derecho de tanteo y retracto, el arrendador está obligado por la ley a ofrecer la venta al arrendatario antes de vendérselo a otro comprador por remisión del artículo 31° al 25° de la LAU. El arrendatario podrá ejercer su derecho de adquisición preferente conforme a lo previsto en la LAU.

Jurisprudencia relevante

(*Tol 7452315*)

Resulta indiferente quien realice la notificación de venta al arrendatario, no dando derecho al retracto que no sea efectuada por el arrendador.

Origen: Audiencia Provincial de Madrid

Fecha: 05/07/2019

Tipo resolución: Sentencia Sección: Vigésima

Número Sentencia: 321/2019 Número Recurso: 242/2019

Establece el nº 1 del art. 25 de la LAU que en caso de venta de la vivienda arrendada, tendrá el arrendatario derecho de adquisición preferente sobre la misma, en las condiciones previstas en los apartados siguientes, añadiendo el nº 3 que podrá el arrendatario ejercitar el derecho de retracto, con sujeción a lo dispuesto en el artículo 1.518 del Código Civil, cuando no se le hubiese hecho la notificación fehaciente prevenida en el apartado 2º anterior y que ha de incluir la decisión de vender la finca arrendada, el precio y las demás condiciones esenciales de la transmisión, o se hubiese omitido en ella cualquiera de los requisitos exigidos, así como cuando resultase inferior el precio efectivo de la compraventa o menos onerosas sus restantes condiciones esenciales.

Pues bien, resulta absolutamente baladí quien viniera obligado a realizar esa notificación; si el propietario de la vivienda, su arrendador, o el adquirente. Lo único relevante para que el arrendatario pudiere ejercitar ese derecho de adquisición preferente era que no se le hubiese notificado de manera fehaciente las anteriores circunstancias, básicamente el precio y las condiciones de la venta, y ello no consta que hubiese ocurrido. Ni siquiera se ha llegado a cuestionar que no lo hubiese hecho en el plazo de caducidad legalmente establecido. Tal derecho no surge para el arrendatario de la vivienda arrendada y vendida como una sanción por el incumplimiento de dicha obligación por parte de quien pudiere venir obligado a comunicar tales datos, sino por el simple hecho de producirse la venta.

❒ NECESIDAD DE ACREDITAR LA CONDICIÓN INDUBITADA DE ARRENDATARIO PARA PODER EJERCER LA ACCIÓN DE RETRACTO

(*Tol 9857886*)
Origen: Audiencia Provincial de Cádiz
Fecha: 24/10/2023
Tipo resolución: Sentencia Sección: Segunda
Número Sentencia: 404/2023 Número Recurso: 58/2023
Numroj: SAP CA 1962/2023

En primer lugar, debe indicarse que ejercitándose en la demanda una acción de retracto con fundamento en la condición de inquilino del demandante, se ha de estar a lo dispuesto en el art. 25 de la Ley de Arrendamientos Urbanos al que se remite el art. 31 de la misma Ley, respecto de los locales de negocio, que dispone "En caso de venta de la vivienda arrendada, tendrá el arrendatario derecho de adquisición preferente sobre la misma, en las condiciones previstas en los apartados siguientes. 2. El arrendatario podrá ejercitar un derecho de tanteo sobre la finca arrendada en un plazo de treinta días naturales, a contar desde el siguiente en que se le notifique en forma fehaciente la decisión de vender la finca arrendada, el precio y las demás condiciones esenciales de la transmisión o el derecho de retracto con sujeción a lo dispuesto en el art. 1518 del Código Civil, cuando no se le hubiese hecho la notificación prevenida o se hubiese omitido en ella cualquiera de los requisitos exigidos, así como cuando resultase inferior el precio efectivo de la compraventa o menos onerosas sus restantes condiciones esenciales.

Para el ejercicio de esos derechos de adquisición preferente, el actor ha de demostrar su condición de arrendatario o inquilino de la finca como presupuesto esencial para que la acción ejercitada pueda prosperar.

Siendo así y en segundo lugar, en el caso de autos se ha de confirmar la sentencia de instancia que no da lugar a la acción ejercitada por falta de prueba de la condición de arrendatario del demandante en tanto que, en efecto, dicho extremo no ha quedado acreditado en tanto que la parte actora no acompañó a su demanda el contrato de arrendamiento que pretendió aportar en el acto de la audiencia previa y tampoco el auto al que alude, aportado con un escrito posterior.

(*Tol 8452580*)
Origen: Audiencia Provincial de Madrid
Fecha: 11/03/2021
Tipo resolución: Sentencia Sección: Vigésima
Número Sentencia: 104/2021 Número Recurso: 703/2020

Condiciones esenciales que debe tener la notificación a efectos de cumplimentar la notificación prevista en el artículo 25.

a) El derecho de adquisición preferente que se regula para los arriendos de vivienda en el artículo 25 de la Ley 29/1994, de 24 de noviembre, de Arrendamientos Urbanos, se concreta en los derechos de tanteo y retracto: uno, el tanteo, previo a la venta, el otro, el retracto, posterior a ésta. Ambos mantienen una íntima conexión, hasta tal punto que se ha considerado que no son dos derechos distintos, sino que se trata, al fin y al cabo, de dos fases distintas de un mismo derecho o dos oportunidades para su ejercicio.

b) La parte recurrente no combate la relación de hechos relevantes que se describen en el fundamento de derecho tercero de la resolución recurrida, y entre los que se hace constar que fecha 23 de noviembre de 2017, "GESTIÓN INTEGRAL INMOBILIARIA CIEMPOZUELOS, S.L.", en cumplimiento del Art. 25 de la LAU, comunica la intención de venta del inmueble arrendado por conducto notarial a la inquilina, siendo recogido ese mismo día por DOÑA Ariadna.

c) Conforme al artículo 25 de la Ley 29/1994, de 24 de noviembre, de Arrendamientos Urbanos, el arrendatario podrá ejercitar un derecho de tanteo sobre la finca arrendada en un plazo de treinta días naturales, a contar desde el siguiente en que se le notifique en forma fehaciente la decisión de vender la finca arrendada, el precio y las demás condiciones esenciales de la transmisión. DOÑA Ariadna dejó transcurrir dicho plazo, que es de caducidad, sin ejercitar el derecho que se le había ofrecido.

d) El arrendatario solo podrá ejercitar el derecho de retracto, con sujeción a lo dispuesto en el artículo 1.518 del Código Civil, cuando no se le hubiese hecho la notificación prevenida o se hubiese omitido en ella cualquiera de los requisitos exigidos, así como cuando resultase inferior el precio efectivo de la compraventa o menos onerosas sus restantes condiciones esenciales.

e) En el presente caso no concurre ninguna de tales circunstancias. Consta que "GESTIÓN INTEGRAL INMOBILIARIA CIEMPOZUELOS, S.L." notificó en forma fehaciente a la hoy apelante la decisión de vender la finca arrendada. E igualmente consta que se le notificó el precio 47.691,00 euros, que se vería incrementado en un 10% en concepto de IVA, lo que hace un total de 52.460,10 euros. No se omitió ninguna condición esencial de la transmisión.

❐ EXCLUSIÓN DEL RETRACTO CUANDO SE PUDO EJERCER EL TANTEO-DEFINICIÓN DE AMBOS CONCEPTOS.

SAP Málaga, sección 4ª, de 26 de noviembre de 2019 (ROJ: SAP MA 1510/2019): (*Tol 7777088*)

"Hemos de comenzar precisando que el artículo 25 de la Ley de Arrendamientos Urbanos concede al arrendatario un derecho de adquisición preferente, en caso de venta del inmueble arrendado, a través de dos mecanismos, el tanteo, que podrá ejercitar "en un plazo de treinta días naturales, a contar desde el siguiente en que se le notifique en forma fehaciente la decisión de vender la finca arrendada, el precio y las demás condiciones esenciales de la transmisión" (apartado 2), y el retracto, "cuando no se le hubiese hecho la notificación prevenida o se hubiese omitido en ella cualquiera de los requisitos exigidos, así como cuando resultase inferior el precio efectivo de la compraventa o menos onerosas sus restantes condiciones esenciales. El derecho de retracto caducará a los treinta días naturales, contados desde el siguiente a la notificación que en forma fehaciente deberá hacer el adquirente al arrendatario de las condiciones esenciales en que se efectuó la compraventa, mediante entrega de copia de la escritura o documento en que fuere formalizada" (apartado 3).

Tanteo y retracto son dos opciones excluyentes entre sí, pues ejercitado el primero no procede el segundo, pues el retracto exige, como presupuesto indispensable, que no se haya dado al arrendatario la oportunidad de ejercitar el tanteo, lo que permite concluir la imposibilidad, desde un punto de vista jurídico, de impetrar el derecho de retracto si previamente la recurrente pudo, y debió, ejercitar el tanteo, y es que, como indica la sentencia del Tribunal Supremo de 19 de diciembre de 1991, "por la relación que se produce, preparatoria de la venta al arrendatario, si así conviene a sus derechos, a éste se le impone una respuesta que no sólo es de intención y declarativa, sin contundente y realizativa, ya que en el plazo legal de sesenta días naturales, plazo de caducidad, a contar desde el siguiente en que fue notificado, deberá manifestar de manera eficaz y auténtica su voluntad de ejercitar el tanteo y realizar la compra, que, en el caso de ausencia, retraso, demora o reticencia de la parte arrendadora, que asume la condición de vendedora, habrá de ir acompañada de la necesaria satisfacción, depósito o consignación del precio señalado dentro del espacio temporal del plazo

En cuanto a los requisitos del retracto:

La Sentencia de la Sección 13ª de la AP DE Barcelona a de 23 de septiembre de 2021, señala, en concreto, en cuanto a la acción de retracto lo siguiente:

"(...) en relación con el ejercicio de la acción de retracto arrendaticio, es lo cierto que ha venido siendo doctrina comúnmente aceptada (Sentencia del Tribunal Supremo de 25 de abril de 1963) que la finalidad perseguida por el legislador, al regular los derechos de tanteo y retracto no es otra que la de facilitar a los arrendatarios el acceso a la propiedad, y que (Sentencia del Tribunal Supremo de 26 de marzo de 1960), dada la finalidad protectora de la Ley, tendente a facilitar a los inquilinos el acceso a la propiedad de la vivienda, las normas que regulan el derecho de retracto deben interpretarse y aplicarse con un criterio extensivo.

Aunque, es doctrina comúnmente admitida (Sentencia del Tribunal Supremo de 16 de noviembre de 2006; RJA 8085/2006), que el ejercicio del derecho de retracto arrendaticio exige los siguientes requisitos: a) que se trate de una venta de vivienda o de local de negocio, siempre que se hagan con la concurrencia de todos los requisitos legales; b) que la acción del arrendatario se ejercite dentro del plazo legal a partir de la notificación fehaciente o cuando se tenga conocimiento cabal y completo por el retrayente de la operación y sus condiciones; c) que la acción se ejercite por el arrendatario, cuyo carácter debe tenerlo en el momento de producirse la transmisión onerosa; d) que el retrayente ha de serlo de toda la finca transmitida, de modo que cuando el arrendador enajena una porción de finca mayor de la que el arrendatario disfrutaba, no resulta posible el derecho de retracto; y e) que el retrayente habrá de reembolsar al comprador el precio de la venta y, además, los gastos del contrato y cualquier otro pago legítimo hecho para la venta y los gastos necesarios y útiles efectuados en la cosa vendida.

El plazo de caducidad para el ejercicio del retracto comienza a contar desde el momento en que aparezca aprobado que el arrendatario ha tenido pleno y exacto conocimiento de la venta o transmisión y de sus condiciones

(*Tol 9294401*)

Sentencia de la Audiencia Provincial de Valladolid, de 25/09/2022 RES:558/2022 REC:995/2021. (*Tol 9294401*)

La sentencia de primera instancia desestima la demanda rectora del procedimiento, en la que la entidad arrendataria de un determinado local de negocio ejercita acción de retracto arrendaticio urbano ante la venta de dicho inmueble a la entidad demandada plasmada en escritura de compraventa de fecha 17/02/2020 considera caducada la acción de retracto

Analizando el primero de dichos preceptos la Sala 1ª del Tribunal Supremo en su sentencia de 21 de noviembre de 2016 señala que "Se desprende de dicha norma la exigencia al adquirente de una conducta activa a efectos de consolidar su adquisición una vez transcurra el plazo apto para el ejercicio del retracto, de modo que está obligado a notificar fehacientemente al arrendatario todas las condiciones de la venta cuyo conocimiento resulta necesario para poder decidir sobre el ejercicio del retracto y sólo a partir de ese momento comienza a correr el plazo de caducidad de treinta días establecido en la ley. En el presente caso tanto la sentencia dictada por el Juzgado como la de la Audiencia Provincial ponen de manifiesto una actuación insuficiente de la adquirente en este sentido, siendo la propia parte demandante la que hubo de realizar las actuaciones propias ordenadas a conocer las condiciones de la venta y, desde que las conoció hasta el ejercicio de la acción de retracto, no había transcurrido el plazo de caducidad de treinta días del artículo 25 LAU.

Cabe citar al respecto la sentencia de esta sala núm. 828/2010, de 17 diciembre, según la cual «debe modularse el rigor del mandato contenido el artículo 25.3 LAU, en el sentido de que pese a que el precepto establece que el derecho de retracto caduca a los treinta días naturales, contados desde el siguiente a la notificación que en forma fehaciente debe hacer el adquirente al arrendatario de las condiciones esenciales en que se efectuó la compraventa, tal notificación no resulta necesaria cuando aparezca probado que el arrendatario ha tenido pleno y exacto conocimiento de la venta o transmisión y de sus condiciones. Este será el momento de inicio del cómputo del plazo de caducidad que establece el artículo 25. 3 LAU (STS 24 de abril de 2007 [RC nº 2440/2000] entre otras)».

Capítulo 6

Suspensión, resolución y extinción de los contratos

1. HABITABILIDAD DE LA VIVIENDA

Regulación Normativa

Artículo 26. Habitabilidad de la vivienda.
Cuando la ejecución en la vivienda arrendada de obras de conservación o de obras acordadas por una autoridad competente la hagan inhabitable, tendrá el arrendatario la opción de suspender el contrato o de desistir del mismo, sin indemnización alguna. La suspensión del contrato supondrá, hasta la finalización de las obras, la paralización del plazo del contrato y la suspensión de la obligación de pago de la renta.

Cuestiones útiles

No presenta excesivas dificultades el presente artículo dada su concreción y lo que hace es otorgar la facultad al arrendatario de suspender el contrato o desistir del mismo, cuando el arrendador tenga que ejecutar en la vivienda arrendada obras de conservación o exigidas por autoridad competente siempre que hagan a la misma inhabitable.

En este caso además el arrendatario no tendrá derecho a indemnización alguna en ninguno de los dos supuestos.

Las obras de conservación que debe ejecutar el arrendador, y las que se refiere el presente artículo serán aquellas que el arrendatario está necesariamente obligado a soportar, y siempre que no puedan diferirse hasta la conclusión del contrato. En el presente supuesto las obras obviamente deben de tener mucha envergadura o afectar a elementos esenciales de las misma que la hagan inhabitable.

Lógicamente la falta de acuerdo avocará a las partes al correspondiente procedimiento judicial.

El precepto como hemos indicado está recogiendo dos tipos de obras, por un lado, las obras de conservación propiamente dichas y, por otro, las acordadas por la autoridad competente, que pueden ser de conservación o de otra naturaleza.

Las obras de conservación pueden ser requeridas por cualquiera de las partes, pues ambas estarán interesadas en su ejecución.

Las segundas, por el contrario, cualquiera que sea su naturaleza, serán las impuestas por cualquier organismo administrativo u órgano judicial, en resolución que debe ser firme.

Así mismo debemos indicar que, si el arrendatario opta por la suspensión del contrato en vez de por el desistimiento, hasta la finalización de las mismas queda en suspenso la obligación de abonar la renta.

Por último, concluir que el **concepto de inhabitabilidad no es definido por la LAU**, y se trata una vez más de un concepto jurídico indeterminado, por lo que habrá que estar a cada en concreto. Si seguimos el hilo jurisprudencial sobre tal concepto podemos tomar como referencia párrafo 3° del artículo 1.558 del Código Civil, que la establece cuando recaiga sobre la parte que el arrendatario y su familia necesitan para su habitación. Por tanto y siguiendo el antedicho hilo conductor ya sabemos que, si las obras no llegan a los lugares absolutamente necesarios, el dormitorio, la cocina y los servicios de higiene en general, estaríamos ante las previsiones de obras de "conservación" del artículo 21 de la LAU, pero no dentro del presente artículo y por tanto no se permitirá la suspensión o el desistimiento al arrendatario por su propia iniciativa.

2. INCUMPLIMIENTO DE OBLIGACIONES

Regulación Normativa

Artículo 27. Incumplimiento de obligaciones.

1. El incumplimiento por cualquiera de las partes de las obligaciones resultantes del contrato dará derecho a la parte que hubiere cumplido las suyas a exigir el cumplimiento de la obligación o a promover la resolución del contrato de acuerdo con lo dispuesto en el artículo 1.124 del Código Civil.

2. Además, el arrendador podrá resolver de pleno derecho el contrato por las siguientes causas:

a) La falta de pago de la renta o, en su caso, de cualquiera de las cantidades cuyo pago haya asumido o corresponda al arrendatario.

b) La falta de pago del importe de la fianza o de su actualización.

c) El subarriendo o la cesión incontenidos.

d) La realización de daños causados dolosamente en la finca o de obras no consentidas por el arrendador cuando el consentimiento de éste sea necesario.

e) Cuando en la vivienda tengan lugar actividades molestas, insalubres, nocivas, peligrosas o ilícitas.

f) Cuando la vivienda deje de estar destinada de forma primordial a satisfacer la necesidad permanente de vivienda del arrendatario o de quien efectivamente la viniera ocupando de acuerdo con lo dispuesto en el artículo 7.

3. Del mismo modo, el arrendatario podrá resolver el contrato por las siguientes causas:

a) La no realización por el arrendador de las reparaciones a que se refiere el artículo 21.
b) La perturbación de hecho o de derecho que realice el arrendador en la utilización de la vivienda.
4. Tratándose de arrendamientos de finca urbana inscritos en el Registro de la Propiedad, si se hubiera estipulado en el contrato que el arrendamiento quedará resuelto por falta de pago de la renta y que deberá en tal caso restituirse inmediatamente el inmueble al arrendador, la resolución tendrá lugar de pleno derecho una vez el arrendador haya requerido judicial o notarialmente al arrendatario en el domicilio designado al efecto en la inscripción, instándole al pago o cumplimiento, y éste no haya contestado al requerimiento en los diez días hábiles siguientes, o conteste aceptando la resolución de pleno derecho, todo ello por medio del mismo juez o notario que hizo el requerimiento.
El título aportado al procedimiento registral, junto con la copia del acta de requerimiento, de la que resulte la notificación y que no se haya contestado por el requerido de pago o que se haya contestado aceptando la resolución de pleno derecho, será título suficiente para practicar la cancelación del arrendamiento en el Registro de la Propiedad.
Si hubiera cargas posteriores que recaigan sobre el arrendamiento, será además preciso para su cancelación justificar la notificación fehaciente a los titulares de las mismas, en el domicilio que obre en el Registro, y acreditar la consignación a su favor ante el mismo notario, de la fianza prestada por el arrendatario.

3. RESOLUCIÓN DE PLENO DERECHO DE LOS CONTRATOS DE USO DISTINTO (ART. 35)

Regulación Normativa

Artículo 35. Resolución de pleno derecho.
El arrendador podrá resolver de pleno derecho el contrato por las causas previstas en las letras a), b), d) y e) del apartado 2 del artículo 27 y por la cesión o subarriendo del local incumpliendo lo dispuesto en el artículo 32.

Cuestiones útiles

1. Sistema abierto de causas de resolución en la LAU:

La Ley de Arrendamientos Urbanos (LAU) ha adoptado un sistema abierto para las causas de resolución del contrato de arrendamiento, a diferencia del régimen de 1964, que establecía un numerus clausus de causas. Este enfoque permite resolver un arrendamiento por cualquier incumplimiento contractual, conforme al artículo 1.124 del Código Civil (CC), siempre que dicho incumplimiento encaje dentro de la interpretación jurisprudencial del precepto.

2. Resolución por incumplimiento contractual bajo el artículo 1.124 CC:

El artículo 27.1 de la LAU permite la resolución del contrato por incumplimiento de cualquiera de las obligaciones contractuales, aplicando el artículo 1.124 CC. Esta disposición otorga a la parte que haya cumplido sus obligaciones la opción de exigir el cumplimiento de la obligación o de promover la resolución del contrato, incluyendo la posibilidad de reclamar daños y perjuicios e intereses, y solicitar la resolución incluso después de haber optado por el cumplimiento si este resulta imposible.

La Jurisprudencia de nuestro Tribunal Supremo venía exigiendo para aplicar el art. 1.124 CC una voluntad deliberadamente rebelde por parte del incumplidor, en el sentido de que el incumplimiento alegado cuando se tratar de las obligaciones recíprocas debía ser de una obligación u objeto principal, grave y sustancial, siéndolo además sobre las obligaciones esenciales del contrato no de las que conformaran como accesorias o complementarias.

Sin embargo, dicha doctrina se ha ido relajando posteriormente y en concreto en materia de arrendamientos urbanos, de modo que en la actualidad es comúnmente admitida por nuestros Tribunales la que considera suficiente un hecho objetivo del incumplimiento, injustificado o producido por causa no imputable al que pide la resolución, huyendo en general de la antedicha tesis, quizás excesivamente rigorista.

2. Resolución por causas imputables al arrendatario

A) Falta de pago de la renta u otras cantidades

El artículo 27.2 a) de la Ley de Arrendamientos Urbanos (LAU) establece que la falta de pago de la renta, o de cualquier otra cantidad cuyo pago haya asumido el arrendatario, constituye causa de resolución del contrato. Aquí se distinguen tres conceptos:

Renta, entendida como el precio cierto que el arrendatario paga por el uso del inmueble.

Cantidades complementarias, que incluyen gastos de comunidad, tributos, entre otros, conforme a lo preceptuado en el artículo 20.

El impago de cualquiera de estas cantidades habilita al arrendador para instar el desahucio por falta de pago.

B) Falta de pago de la fianza o su actualización

La falta de pago de la fianza o su actualización, aunque no constituyan renta, es igualmente causa de resolución del contrato de arrendamiento, conforme al artículo 27.2 b) LAU. Este incumplimiento puede dar lugar a un procedimiento de desahucio, salvo que se trate de un aval u otra garantía complementaria, en cuyo caso procedería un juicio declarativo ordinario según el artículo 249.1. 6° LEC.

C) Subarriendo o cesión incontenidos

El subarriendo o la cesión del contrato sin el consentimiento del arrendador son causa de resolución del contrato. Esta causa se debe tramitar mediante el procedimiento ordinario, conforme al artículo 249.1.6° LEC.

D) Realización de daños dolosos u obras no consentidas

El arrendatario que cause daños dolosamente o realice obras no consentidas que alteren la configuración del inmueble, o comprometan su estabilidad o seguridad, incurre en causa de resolución contractual. El arrendador deberá acudir a un juicio declarativo ordinario para resolver el contrato y recuperar la posesión, conforme al artículo 249.1. 6° LEC.

E) Realización de actividades molestas, insalubres, nocivas, peligrosas o ilícitas

La realización de este tipo de actividades, en especial los ruidos, constituye causa de resolución del contrato. El artículo 27.2 e) LAU ampara esta causa, que puede ser ejercida tanto por el arrendador como por la comunidad de propietarios, de conformidad con el artículo 7.2 de la Ley de Propiedad Horizontal (LPH).

F) Dejar de destinar la vivienda a la necesidad permanente de vivienda

El artículo 27.2 f) LAU contempla la resolución del contrato cuando la vivienda deja de ser destinada de forma primordial a satisfacer la necesidad permanente de vivienda, que es la esencia del contrato para arrendamiento de vivienda regido en el título II de la LAU. Se produciría por ejemplo en el caso de una arrendamiento de vivienda situado en una playa, el cual deja de ser el domicilio habitual del arrendador porque arrienda otra en la ciudad con carácter permanente, convirtiéndose el uso de la primera vivienda en estacional.

Este supuesto presenta en un principio ciertas complejidades probatorias que requieren un exhaustivo análisis de cada caso concreto.

3. Resolución por causas imputables al arrendador

A) No realización de reparaciones

La omisión por parte del arrendador de realizar las reparaciones necesarias conforme al artículo 21 LAU es causa de resolución del contrato, entendemos lógicamente que en este caso se hace necesario el requerimiento previo al arrendador para que ejecute reparación de las obras necesarias.

B) Perturbación de hecho o de derecho por parte del arrendador

La perturbación en el uso de la vivienda causada directamente por el arrendador, incluyendo actos de "mobbing" o acoso inmobiliario, constituye causa de resolución del contrato conforme al artículo 27.3 b) LAU. Estas conductas también pueden ser sancionadas penalmente bajo el artículo 172.3 del Código Penal, como delito leve de coacciones.

En cuanto a la resolución de los contratos de arrendamiento para usos distintos del de vivienda el artículo 35 de la LAU, por un lado, se remite a las causas de resolución de pleno derecho previstas para el arrendamiento de vivienda en el artículo 27.2, letras a), b), d) y e) de la LAU, que son las siguientes:

- La falta de pago de la renta o, en su caso, de cualquiera de las cantidades cuyo pago haya asumido o corresponda al arrendatario.
- La falta de pago del importe de la fianza o de su actualización.

- La realización de daños causados dolosamente en la finca o de obras no consentidas por el arrendador cuando el consentimiento de este sea necesario.
- Cuando en la vivienda tengan lugar actividades molestas, insalubres, nocivas, peligrosas o ilícitas.

Por otro lado, prevé la resolución de pleno derecho del contrato, también, en el caso de cesión o subarriendo del local incumpliendo lo previsto en el artículo 32° de la LAU.

Jurisprudencia relevante

❒ Doctrina de la naturaleza del incumplimiento del artículo 1.124 de Código Civil

Origen: Audiencia Provincial de Barcelona
Fecha: 13/12/2018 Documento (*Tol 6976202*)

Centrado así el motivo de la apelación en cuanto al fondo, es doctrina comúnmente admitida (Sentencias del Tribunal Supremo de 7 de mayo y 15 de julio de 2003, 18 de octubre de 2004, 3 de marzo de 2005, 20 de septiembre de 2006, y de 5 de febrero y 31 de mayo de 2007; RJA 3886 y 4636/2003, 6571/2004, 4731/2005, 8401/2006, y 730 y 4336/2007), que no se exige para la apreciación de una situación de incumplimiento resolutorio una patente voluntad rebelde, y tampoco una voluntad de incumplir, sino sólo el hecho objetivo del incumplimiento, injustificado o producido por causa no imputable al que pide la resolución, habiendo abandonado la jurisprudencia, hace tiempo, las posiciones que, de una u otra forma, exigían una reiterada y demostrada voluntad rebelde en el incumplimiento de las obligaciones contractuales, o, en otros casos, una voluntad obstativa al cumplimiento, para afirmar en la actualidad que basta atender al dato objetivo de la injustificada falta de cumplimiento, siempre que tenga la entidad suficiente para motivar la frustración del fin del contrato.

Por lo tanto, para que proceda la resolución del contrato, es necesario que, además de que quien promueve la resolución haya cumplido las obligaciones que le correspondieran, por una parte, que se aprecie en el acreedor que insta la resolución un "interés jurídicamente atendible", lo cual expresa, en sentido negativo, la posibilidad de apreciar el carácter abusivo o contrario a la buena fe, o incluso doloso, que puede tener la resolución cuando se basa en un incumplimiento más aparente que real, pues no afecta al interés del acreedor en términos sustanciales, o encubre la posibilidad de conseguir un nuevo negocio que determinaría un nuevo beneficio.

❒ INCUMPLIMIENTO CONTRACTUAL ARTº 1124 CC

Documento (*Tol 7228421*)
Audiencia Provincial de Córdoba
Fecha: 29/03/2019

El arrendador no incumplió con sus obligaciones puesto que el local objeto de arriendo si tenía licencia de apertura para la actividad que se indicó en el contrato, como lo acredita la documental que obra al folio 186, al contrario de lo indicado por el arrendatario.

En este contexto fáctico y contractual a juicio de este Tribunal no yerra el Juzgador de Instancia cuando afirma la inexistencia de incumplimiento contractual por el arrendador, sin perjuicio de la existencia de algún desperfecto puntual en el local cuya reparación incumbía a la propiedad, pero el por su entidad no justificaba per se la resolución contractual por incumplimiento de la propiedad sino, a lo sumo, la exigencia de su arreglo o del abono de su importe.

Y no existiendo incumplimiento contractual de la parte arrendadora no podía la arrendataria resolver de forma anticipada el contrato de arrendamiento que le vinculaba (art. 1.124 CC), no existiendo justa causa para ello por inhabilidad del objeto, desestimándose correctamente los demás pedimentos de la demanda inicial.

❒ INEXISTENCIA DE INCUMPLIMIENTO CONTRACTUAL art. 1.124 CC

Documento (*Tol 6301242*)
Origen: Audiencia Provincial de Pontevedra
Fecha: 19/06/2017

Hasta aquí, no hay incumplimiento alguno contractual. Las arrendadoras entregan un local en condiciones, con las licencias oportunas y un suministro de potencia que, en principio, debe tenerse por adecuada en la medida que sirvió a otro negocio similar. Si las necesidades del nuevo arrendatario, por la índole del negocio que quiere explotar, o por causa de una instalación de maquinaria que demande una mayor potencia, corresponde contratarla a las arrendatarias para adecuarla a sus necesidades concretas y particulares que la arrendadora no puede conocer a priori. Lo mismo que ocurriría con el inquilino de una vivienda cuyos hábitos o nivel de vida le exigiese una mayor potencia que la de la vivienda arrendada que estaba dotada de una potencia estándar propia de una vivienda media. Esa concreta individualización de potencia habrá de evaluarla y contratarla el usuario. Piénsese que las arrendatarias, por ejemplo, en el curso de su explotación aumentasen el número de aparatos por nuevas necesidades ¿acaso habrían de ser los arrendadores quienes hubiesen de asumir la contratación de nueva potencia? Pero es que, con independencia de lo dicho, tal era la idea de los contratantes, al menos implícita, según entendemos a la vista de la cláusula octava del contrato según la cual el precio del arriendo no se comprenden los gastos individualizados mediante aparatos contadores relativos a suministros (tales como luz, agua, gas, telecomunicaciones, internet, plataforma de televisión) y servicios privados generados para el sostenimiento del inmueble; de estos gastos se dice que tendrán el mismo tratamiento jurídico que la renta propiamente dicha. Y se añade en la misma cláusula que el arrendatario satisfará, íntegramente y a su costa, el importe total de los referidos gastos, abonándolos directamente a los respectivos proveedores estando obligada a contratar a su nombre, con las respectivas compañías suministradoras, los servicios y suministros del local objeto de arriendo

Origen: Audiencia Provincial de Orense
Fecha: 11/09/2019
Tipo resolución: Sentencia Sección: Primera Documento (*Tol 7512198*)

Esta situación de la actora, siguiendo la sentencia de la Audiencia Provincial de Huelva de 27 de noviembre de 2007, generada exclusivamente por el incumplimiento por parte de la arrendataria de la obligación de pago de la renta, no puede quedar totalmente vacía de contenido por medio de la cesión contractual. Por ello, si la cedente es titular de un arrendamiento susceptible de ser resuelto por falta de pago de la renta, no puede trasmitir al cesionario un arrendamiento exento de esa connotación. La cesión en sí misma no puede convertir en invulnerable la posición del cesionario al respecto, ya que el cedente no está facultado para hacer de mejor condición que él mismo a quien le sucede en el contrato, ni para blindar la posición del cesionario frente a la legítima pretensión resolutoria de la propietaria que continúa siendo acreedora de unas rentas. Y todo ello con independencia de la buena o mala fe que concurra, del carácter fraudulento o completamente recto de la cesión, aspectos que no constan que concurran en este caso. Por tanto, la posibilidad de resolver de la propietaria ha de mantenerse y respecto de dicha acción solo está legitimado pasivamente el cesionario. A este se le reclamó también extrajudicialmente el pago de las cantidades adeudadas, no habiendo atendido al requerimiento efectuado, considerando que era la cedente la que debía pagar tales sumas. Y ante ello, ya no le cabría la posibilidad de enervar la acción conforme a lo dispuesto en el artículo 22.4 de la Ley de Enjuiciamiento Civil, posibilidad de enervación que, por lo demás, tampoco fue intentada. Por todo ello ha de declararse resuelto el contrato de arrendamiento del local de negocio de la demandante, condenando a la inicial arrendataria al abono de las rentas debidas, posibilidad de acumulación de acciones especialmente prevista legalmente y que ha de admitirse en este caso aunque la acción de desahucio no puede dirigirse contra ella, dadas las particularidades y diferentes vínculos arrendaticios que plantea, y debiendo el cesionario abonar las rentas correspondientes al período de tiempo comprendido entre la cesión y la fecha de la resolución, pues aunque no se solicite así expresamente en la demanda el pago de la renta es la obligación principal del arrendatario que durante ese tiempo y hasta el desalojo se ha mantenido en el uso de la cosa, permitiendo la propia normativa procesal sentencias de condena de futuro al tratarse del pago de prestaciones periódicas que vencen en el curso del procedimiento.

- **Resolución por el artículo 27.1 incumplimiento del arrendador. Inhabitabilidad de la vivienda, insalubre por la presencia constante de cucarachas pese a las fumigaciones realizadas.**

(*Tol 5848439*)
Origen: Audiencia Provincial de Las Palmas
Fecha: 19/07/2016
Tipo resolución: Sentencia Sección: Quinta
Número Sentencia: 321/2016 Número Recurso: 445/2015

Y ello ha de ser así pues como decíamos de los mensajes cruzados entre los litigantes entre el día 26 de mayo al siete de julio de 2014, antes de la firma del contrato y mientras la pareja arrendataria preparaba el piso para efectuar la mudanza desde la vivienda que entonces ocupaban, se desprende que la arrendadora confirmó lo acertado de encomendar la arrendataria la fumigación a una empresa del sector (mensaje del 23 de junio de 14:37 horas) e igual le dio su visto bueno a la segunda visita del fumigador (mensaje del 26 de junio de 11:19 horas).

No es de recibo que la arrendadora critique desfavorablemente el resultado de la fumigación y se lo achaque a la arrendataria que se preocupó en llamarlo y quedar con él en el piso, conducta que, hasta ahora, no ha observado la arrendadora pretextando dificultades de coordinación con la arrendataria.

Esta pasividad ha sido puesta de relieve por la Juzgadora como constitutiva de incumplimiento de las obligaciones que especialmente impone la ley de arrendamientos urbanos (artículos 21 y 27.1) y genéricamente el Código civil (artículo 1.554), y este Tribunal de apelación, lo corrobora.

Por ello coincidimos con la Juzgadora en que la arrendadora debió entregar y mantener el piso en perfectas condiciones de habitabilidad, es decir, de salubridad, y adecuado mantenimiento, para constituir la vivienda habitual o domicilio de la arrendataria.

Documento (*Tol 113030*)
Origen: Audiencia Provincial de Jaén
Fecha: 23/01/2001 Fecha publicación: 23/01/2001
Subarriendo. Consentimiento del arrendador

El Tribunal Supremo mantiene que la autorización escrita del arrendador no ostenta valor constitutivo del subarriendo, sino que constituye un evidente requisito ad probationem y como tal la expresada exigencia ha de entenderse dirigida no al arrendador, sino al arrendatario, al ser la forma escrita el medio normal y más fehaciente de la prueba de prestación de un consentimiento, que no impide que el propietario, en uso de sus libres y plenas facultades dispositivas pueda prestarlo en forma verbal. Además para el caso de que sea tácito debe deducirse de hechos concluyentes e inequívocos "facta concludentia", que llevan al conocimiento de haber existido la autorización en la sustitución (sentencias del Tribunal Supremo 25 de octubre de 1993 RAC 204/1994; y 20 de junio de 1994 RAC 1144/94).

En este supuesto consideramos de aplicación la doctrina que antecede, porque el nuevo arrendatario no ocupó de manera subcepticia el inmueble, sino que lo hizo con el conocimiento y consentimiento tácito y concluyente de la arrendadora. De ahí que no pueda prosperar la acción resolutoria, como en supuestos similares han declarado la Audiencia Provincial de León, Sección 2ª en sentencia de 25 de septiembre de 1999 y la de Granada, Sección 3ª en sentencia de 17 de enero de 2000.

No se produce, por tanto, el incumplimiento del contrato, pues la nueva situación bien pudo obedecer a una novación subjetiva consentida por el arrendador. De ahí que no pueda la propietaria sin contravenir la doctrina de los actos propios solicitar la resolución contractual por ese motivo.

4. EXTINCIÓN DEL ARRENDAMIENTO

Regulación Normativa

Artículo 28. Extinción del arrendamiento.

El contrato de arrendamiento se extinguirá, además de por las restantes causas contempladas en el presente Título, por las siguientes:

a) Por la pérdida de la finca arrendada por causa no imputable al arrendador.

b) Por la declaración firme de ruina acordada por la autoridad competente.

Cuestiones útiles

En relación a la pérdida de la finca arrendada y la declaración de ruina, se destacan las siguientes consideraciones jurídicas de relevancia para la extinción del contrato de arrendamiento, conforme a la legislación vigente:

1. Pérdida de la finca arrendada por causa no imputable al arrendador

La pérdida de la finca arrendada, ya sea física (por incendio, terremoto, etc.) o jurídica (como una expropiación forzosa), provoca la extinción del contrato al desaparecer el objeto del mismo. Sin embargo, la extinción no conlleva una resolución contractual en los términos tradicionales, salvo que la causa de la pérdida sea imputable al arrendador, en cuyo caso cabría la aplicación del artículo 27.1 de la Ley de Arrendamientos Urbanos (LAU) y el artículo 1.124 del Código Civil, aunque no encontramos ningún sentido práctico a esta parte de la norma si el objeto del contrato ha desaparecido por completo, salvo la petición de indemnización al arrendador, si concurrieran las circunstancias para la misma.

En caso de que una perdida parcial de la vivienda la haga inhabitable, se produce igualmente la extinción del contrato. No obstante, si la causa es atribuible al arrendador, el arrendatario podrá exigir una indemnización por los daños y perjuicios ocasionados al arrendatario.

2. Declaración firme de ruina acordada por la autoridad competente

La declaración de ruina de la finca arrendada, acordada por la autoridad competente, administrativa o civil, conlleva la extinción automática del contrato de arrendamiento, independientemente de si la causa es imputable al arrendador. Esta declaración debe ser firme, es decir, no susceptible de recurso, y dictada en un expediente contradictorio que involucre a todas las partes interesadas.

Concepto de "ruina técnica"

La jurisprudencia previa, a la entrada en vigor de la LAU 29/94, introdujo el concepto de "ruina técnica", permitiendo que la jurisdicción civil declare la ruina cuando las obras necesarias para la reconstrucción del inmueble excedan el 50% de su valor real, excluyendo el valor del suelo.

Técnicamente no vemos inconveniente alguno bajo la LAU actual, para poder aplicarse este concepto de manera análoga para resolver la extinción del contrato de arrendamiento en casos similares, cuando concurra la antedicha circunstancia.

Regulación Normativa

TÍTULO III
De los arrendamientos para uso distinto del de vivienda

Artículo 29. Enajenación de la finca arrendada.

El adquirente de la finca arrendada quedará subrogado en los derechos y obligaciones del arrendador, salvo que concurran en el adquirente los requisitos del artículo 34 de la Ley Hipotecaria.

Cuestiones útiles

El art. 29 LAU es sin duda alguna una norma especialísima que resulta una excepción a lo preceptuado en los arts. 1.571 y 1.549 CC y de la LAU en materia de vivienda.

El artículo 34 de la Ley Hipotecaria nos indica: *El tercero que de buena fe adquiera a título oneroso algún derecho de persona que en el Registro aparezca con facultades para transmitirlo, será mantenido en su adquisición, una vez que haya inscrito su derecho, aunque después se anule o resuelva el del otorgante por virtud de causas que no consten en el mismo Registro.*

La buena fe del tercero se presume siempre mientras no se pruebe que conocía la inexactitud del Registro.

Los adquirentes a título gratuito no gozarán de más protección registral que la que tuviere su causante o transferente.

Como regla especial, la LAU va a proteger la subsistencia del contrato de arrendamiento de uso distinto en cualquiera de sus variantes, salvo que el tercero adquirente no haya tenido conocimiento realmente de su existencia.

Esto podría hacer pensar que dicho conocimiento pasa necesariamente por la inscripción del contrato de arrendamiento en el Registro de la Propiedad, por cuanto entonces la exigencia de la buena fe no sería necesaria.

Es una realidad por tanto pensar que el arrendatario debe y le supone indudables ventajas inscribir su contrato en el Registro de la Propiedad, pero en la práctica cotidiana y salvo supuestos muy concretos esa realidad no existe, y el número de inscripciones estadísticamente tiene apenas existencia.

Han sido varios los intentos del legislador por intentar paliar esta situación, pero lo cierto es que a día de hoy todas sin éxito.

En cualquiera de los casos resulta casi imposible y así lo ha sostenido la Jurisprudencia, que alguien que compra un local de negocio, por ejemplo desconozca que el local está abierto al público y por tanto con un ocupante.

Es decir, si nos hallamos por ejemplo ante la transmisión de un local arrendado en el que se desarrolla una actividad abierta al público, el adquirente deberá respetar el contrato de arrendamiento puesto que difícilmente podrá ignorar la existencia del contrato de arrendamiento, máxime cuando el vendedor debe declarar en la escritura pública de compraventa si el local se halla o no arrendado.

¿Quién tendrá la legitimación activa para reclamar las rentas devengadas?

La Audiencia Provincial de A Coruña señala en su sentencia nº 368/2009, de 18 de septiembre, ECLI:ES:APC:2009:2638, que «(...) Para la eficacia de la transmisión de la finca en favor de la actora y la consiguiente subrogación en la posición de arrendadora no se precisa de la forma de escritura pública porque el contrato de compraventa se perfecciona por el mero consentimiento (artículos 1.258 y 1.278 del Código civil), ni el previo consentimiento de los arrendatarios, sino que la subrogación de la compradora en la posición del originario arrendador se produce "ex lege", desde el momento de la adquisición del inmueble.

De ahí que, en las resoluciones dictadas por las distintas Audiencias Provinciales en casos de transmisión de inmuebles arrendados, se considera que el anterior propietario carece de legitimación activa para la reclamación de rentas devengadas con anterioridad. Al respecto se razona en la sentencia de la Audiencia Provincial de Valladolid (Sección 1ª) de 16 de julio de 2004 que "naturalmente resulta que entre esos derechos se encuentra el de percibir las rentas correspondientes al local adquirido, tanto las ya devengadas y no satisfechas, como las que se devenguen en el futuro, pues nada especifica el precepto al respecto, salvo que en relación con esta cuestión, que viene igualmente determinada por el mandato del artículo 1.212 del Código Civil al referirse a la subrogación de un tercero en los derechos del acreedor, se acreditase la existencia expresa de un acuerdo o pacto al respecto, por medio del cual se reservase el primitivo acreedor el crédito de rentas devengadas con anterioridad a la transmisión". Se dice también en ella que "dado el carácter absoluto de los términos legales al respecto de las consecuencias de la subrogación en la posición del antiguo arrendador, sin especificarse momento temporal alguno —Código Civil y Ley de Arrendamientos Urbanos—, es evidente que cuando se reclama por quien ha perdido la condición de propietario-arrendador el pago de unas rentas devengadas durante el periodo en que se ostentaba dicha cualidad, debe acreditarse cumplidamente, pues así lo exige el artículo 217 de la Ley de Enjuiciamiento Civil, que al tiempo de la transmisión se hizo expresa reserva del crédito que se hubiera generado por rentas vencidas y no satisfechas en dicho momento, pues de otro modo el crédito generado pasa, al igual que el resto de derechos derivados del contrato de arrendamiento, al nuevo propietario"».

5. INDEMNIZACIÓN AL ARRENDATARIO, EN LOS CONTRATOS DE USO DISTINTO DE VIVIENDA (ART. 34)

Regulación Normativa

Artículo 34. Indemnización al arrendatario.

La extinción por transcurso del término convencional del arrendamiento de una finca en la que durante los últimos cinco años se haya venido ejerciendo una actividad comercial de venta al público, dará al arrendatario derecho a una indemnización a cargo del arrendador, siempre que el arrendatario haya manifestado con cuatro meses de antelación a la expiración del plazo su voluntad de renovar el contrato por un mínimo de cinco años más y por una renta de mercado. Se considerará renta de mercado la que al efecto acuerden las partes; en defecto de pacto, la que, al efecto, determine el árbitro designado por las partes.

La cuantía de la indemnización se determinará en la forma siguiente:

1. Si el arrendatario iniciara en el mismo municipio, dentro de los seis meses siguientes a la expiración del arrendamiento, el ejercicio de la misma actividad a la que viniera estando dedicada, la indemnización comprenderá los gastos del traslado y los perjuicios derivados de la pérdida de clientela ocurrida con respecto a la que tuviera en el

local anterior, calculada con respecto a la habida durante los seis primeros meses de la nueva actividad.

2. Si el arrendatario iniciara dentro de los seis meses siguientes a la extinción del arrendamiento una actividad diferente o no iniciara actividad alguna, y el arrendador o un tercero desarrollan en la finca dentro del mismo plazo la misma actividad o una afín a la desarrollada por el arrendatario, la indemnización será de una mensualidad por año de duración del contrato, con un máximo de dieciocho mensualidades.

Se considerarán afines las actividades típicamente aptas para beneficiarse, aunque sólo en parte de la clientela captada por la actividad que ejerció el arrendatario.

En caso de falta de acuerdo entre las partes sobre la cuantía de la indemnización, la misma será fijada por el árbitro designado por aquéllas.

Cuestiones útiles

El artículo 34 de la vigente Ley de Arrendamientos Urbanos 29/94 establece una indemnización por extinción del arrendamiento para uso distinto del de vivienda, pero exclusivamente para el caso de que el arrendamiento lo sea de local de negocio, excluyendo todos los demás, lo cual en principio resulta absolutamente lógico.

La primera condición para que dicha indemnización se produzca es que, no exista pacto en contrario en el contrato. Debemos indicar que la no existencia de este pacto es absolutamente infrecuente y son muy escasos los casos en los que no existe esa renuncia del arrendatario al mismo.

REQUISITOS PARA QUE PROCEDA LA INDEMNIZACIÓN:

1°.- Como ya hemos adelantado, el primero de los requisitos, es que no se haya renunciado por parte del arrendatario a la misma.

En materia de uso distinto, se permite la libertad de pacto, como ya hemos visto, por tanto y dicha renuncia sería perfectamente válida.

2°.- Que la duración mínima del contrato de arrendamiento de local de negocio sea al menos de cinco años de forma interrumpida.

3°.- Que la extinción del contrato de arrendamiento se haya producido por el transcurso del término convenido, fin del término convencional, y no por resolución anterior, bien sea por mutuo acuerdo de las partes, por resolución judicial o por desistimiento del arrendatario.

4°.- Que en el local se haya ejercido una actividad comercial de venta al público tanto al por mayor como al por menor, quedando restringida a tal actividad, por lo que expresamente están excluidos de esta posibilidad, los almacenes o cualquier otra actividad comercial que no sea expresamente la indicada.

5°.- Para tener derecho a cobrar la indemnización por extinción del arrendamiento, se exige que el arrendatario notifique al arrendador al menos con cuatro meses de antelación a la expiración del término contractual, su voluntad de renovar el contrato por un mínimo de cinco años más, abonando una renta de mercado.

¿Como se determinará esta renta de mercado?

Pues la Ley establece en primer lugar, aquella que acuerden las partes y en su defecto y en su defecto la que determine un árbitro.

Por último, si después de haberse dado todos y cada uno de los requisitos anteriores, sin excepción, el arrendador comunica su deseo de no prorrogar el contrato de arrendamiento, el inquilino tendrá derecho a una indemnización cuya cuantía se determina de la siguiente forma, según dos supuestos:

1°.- Si el arrendatario se instala en otro local del mismo municipio y dentro de los seis meses siguientes se dedica a la misma actividad comercial que venía ejerciendo en el local de donde se ha marchado. En este caso la indemnización a la que tendrá derecho comprenderá los gastos del traslado y los perjuicios derivados de la pérdida de clientela ocurrida con respecto a la que tuviera en el local anterior, calculada con respecto a la habida durante los seis primeros meses de la nueva actividad.

2° Si el arrendatario iniciara dentro de los seis meses siguientes a la extinción del arrendamiento una actividad diferente a la realizada en el contrato extinto o bien, no inicia ninguna actividad, y a su vez el arrendador o un tercero desarrollan en el local objeto del contrato la misma actividad o una afín a la desarrollada por el arrendatario, la indemnización será de una mensualidad por año de duración del contrato, con un máximo de dieciocho mensualidades.

Estos dos requisitos han de darse conjuntamente, es decir no cabe la indemnización si se produjera solo uno de los dos requisitos.

A los efectos del presente artículo **se van a considerar actividades afines** aquellas que sean aptas beneficiarse, aunque sólo en parte de la clientela captada por la actividad que ejerció el arrendatario.

Como en el supuesto anterior en caso de falta de acuerdo entre las partes sobre la cuantía de la indemnización, será un árbitro designado por aquellas quien la fije.

Jurisprudencia relevante

(*Tol 10081735*)

Tribunal Supremo. Sala Primera, de 19/06/2024 RES:877/2024 REC:4135/2019

Pues bien, la ley condiciona el derecho a la percepción de la indemnización a los requisitos siguientes:

(i) Que nos hallemos, como es natural, ante un contrato de arrendamiento para uso distinto de vivienda (art. 3 LAU).

(ii) Que, en el local arrendado, durante los últimos cinco años, se haya venido ejerciendo una actividad comercial de venta al público. En este sentido, deviene lógica la fijación de un plazo de tiempo mínimo como necesario para que pueda formarse una clientela.

El otro requisito exigido por el precepto —actividad comercial de venta al público— ofrece más problemas interpretativos. Parece claro que no ostenta tal condición jurídica los supuestos de arrendamiento para almacén, simple depósito de mercancías u oficinas, que no son notoriamente lugares de venta al público.

En el caso que nos ocupa, la actividad a la que venía dedicándose la demandante, en el local arrendado, quedó convencionalmente determinada y, además, de manera exclusiva, con destino a "bar con terraza" (condición general segunda del contrato).

Así las cosas, la parte recurrente, con sujeción al mismo criterio sustentado por el juzgado, entiende que una industria de tal naturaleza no encaja dentro de la proposición normativa del art. 34 de la LAU, que exige la concurrencia del doble requisito de que se trate de una "actividad comercial" y dentro de éstas que lo sea "de venta al público".

Por el contrario, el tribunal provincial considera que la explotación del local litigioso por parte de la arrendataria satisface las exigencias legales. No consideramos que la interpretación del precepto llevada a efecto por la audiencia sea errónea en función del siguiente conjunto argumental.

En primer lugar, porque la actividad a la que se dedicó la arrendataria es susceptible de generar una clientela, que dote al local arrendado de un valor económico adicional, derivado de las personas que lo frecuentan habitualmente en su condición de asiduas consumidoras de sus productos; fidelización de clientes que es susceptible de ser disfrutada por quien sustituya al arrendatario en el tráfico mercantil.

Es precisamente la atención a tal valor sobre el que se construye la indemnización fijada en el art. 34 LAU. La clientela adquiere tal importancia que la vida de un negocio depende directamente de los comportamientos económicos de quienes consumen sus productos. En definitiva, constituye una fuente generadora de ingresos, y da estabilidad al negocio que explota el comerciante o empresario. La demandante oferta, por ello, a la arrendadora continuar con el arrendamiento por diez años más con el correlativo ofrecimiento del abono de una renta de mercado a través del derecho que le atribuye el art. 34 LAU.

En segundo lugar, desde una interpretación literal del precepto, es comercio, según la primera acepción del diccionario de la RAE, la compraventa o intercambio de bienes o servicios; y bar, el local en que se despachan bebidas que suelen tomarse de pie, ante el mostrador. Despachar, en una de sus acepciones, significa vender un género o una mercancía.

En definitiva, nos encontramos ante un establecimiento abierto público, en el que se procede a la venta de bebidas que se consumen en el mismo local, dotado con una terraza con tal finalidad, de esta manera se satisface la ingesta de los productos que oferta, con la estancia en el local en funciones de descanso o de lugar de encuentro con otras personas. El cliente abona el importe de la bebida, que consume en el propio establecimiento, por lo que la interpretación llevada a efecto por el tribunal provincial no deja de encajar en la proposición normativa del precepto, máxime si tenemos en cuenta la finalidad pretendida por el legislador reflejada en el preámbulo de la ley como antes se indicó.

(iii) Que haya transcurrido el plazo de vigencia del contrato suscrito; es decir, que se haya extinguido por el transcurso del tiempo, y no por otras causas ya sean éstas o no imputables al arrendador. Se trata, pues, de un supuesto objetivo de extinción del vínculo arrendaticio, como es el transcurso del plazo convencional del arriendo.

(iv) Que el arrendatario haya manifestado, con cuatro meses de antelación a la expiración del plazo, su voluntad de renovar el contrato por un mínimo de cinco años más y por una renta de mercado.

Estos últimos requisitos (iii y iv) no son realmente cuestionados.

Cumplidos estos requisitos nace el derecho a la indemnización que dependerá, en su cuantía (forma de determinación de la indemnización), de la concurrencia de sendos supuestos normativos: a) Si el arrendatario iniciara en el mismo municipio, dentro de los seis meses siguientes a la expiración del arrendamiento, el ejercicio de la misma actividad a la que viniera estando dedicada; b) Si el arrendatario iniciara dentro de los seis meses siguientes a la extinción del arrendamiento una actividad diferente o no iniciara actividad alguna, y el arrendador o un tercero desarrollan en la finca dentro del mismo plazo la misma actividad o una afín a la desarrollada por el arrendatario.

En este caso, es cierto que la demandante se venía dedicando a la industria de hostelería, no solo con el local litigioso, sino en otros tres, uno de ellos en diferente municipio; pero lo cierto es que, en dicho plazo de tiempo, no concertó otro contrato para sustituir al litigioso, ni inicio otra actividad diferente; mientras que el nuevo adquirente del uso del local, otra sociedad mercantil, lo destina a la misma actividad de bar e, incluso, llegó a girar inicialmente con el mismo nombre comercial y parte del personal.

A pesar de que debían constituir unos concretos motivos autónomos de casación, al conformar diferentes causas de recurso, con la finalidad de agotar la respuesta judicial a la recurrente, tampoco son de recibo los otros argumentos señalados.

Se sostiene que la adenda al contrato encierra una renuncia a la indemnización del art. 34 de la LAU, en tanto en cuanto se amplió el contrato de arriendo por dos años más, y se indicó que, al finalizar tal periodo de tiempo, se debería entregar el local libre y expedito a la entidad arrendadora.

Ahora bien, seguían en vigor el resto de las cláusulas del contrato arrendaticio, y no se reflejó, en dicho apéndice contractual, ninguna renuncia expresa a la indemnización por clientela del art. 34 de la LAU, lo que entraba en el marco de la esfera dispositiva de las partes, lo que conforma, además, un pacto habitual en esta clase de contratos, ni cabe, con la obtención de una prórroga del por dos años adicionales, deducir, de forma inequívoca, clara o terminante, que la arrendataria hubiera abdicado de la indemnización que establece a su favor el artículo 34 LAU. No hay conexión lógica racional entre la duración del contrato por dos años más con la renuncia a la indemnización postulada en la demanda.

La sentencia indemniza conforme a lo establecido en el art. 34 LAU, en atención al valor de una mensualidad de renta por cada año de duración del contrato, sin que la demandada probase que la indemnización así fijada sea desproporcionada a las circunstancias concurrentes. No se aportó prueba al respecto, ni se articuló motivo distinto de vulneración del art. 34 LAU, que fue aplicado por la sentencia de la audiencia.

❒ (*Tol 9138308*) | Civil | Audiencia Provincial de Barcelona | Fecha: 16/06/2022 | Fallo: Fallo desestimatorio | REC: 543/2021 | RES: 292/2022 | ECLI: ES:APB:2022:6082

La renuncia a la indemnización contenida en el artículo 34 de la LAU prevista en el contrato no vulnera norma imperativa alguna.

CUARTO.- Indemnización prevista en el artículo 34 de la LAU. Finalmente, la recurrente pide la nulidad de la cláusula 13, apartado f), del contrato de arrendamiento que contiene la renuncia a la indemnización prevista en el artículo 34 de la LAU. En el contrato de arrendamiento las partes pactaron la renuncia del arrendatario a la indemnización que pudiera corresponderle a tenor del art. 34 de la LAU a la extinción del contrato por el transcurso del término establecido. Así, cláusula 13 apartado f), del contrato de arrendamiento de fecha 10 de enero de 2017, señala: "Que la part arrendatària renuncia a la indemnització prevista en larticle 34 de la Llei dArrendaments Urbans, per el supòsit de que el present contracte, en virtut de lexistència de contractes anteriors, en virtut del temini pactat o en virtut de lexistència de pròrrogues successives sí tingués una durada superior a cinc anys". El artículo 34 de la LAU dispone: "La extinción por transcurso del término convencional del arrendamiento de una finca en la que durante los últimos cinco años se haya venido ejerciendo una actividad comercial de venta al público, dará al arrendatario derecho a una indemnización a cargo del arrendador, siempre que el arrendatario haya manifestado con cuatro 6 JURISPRUDENCIA meses de antelación a la expiración del plazo su voluntad de renovar el contrato por un mínimo de cinco años más y por una renta de mercado. Se considerará renta de mercado la que al, efecto acuerden las partes; en defecto de pacto, la que, al efecto, determine el árbitro designado por las partes". Esta renuncia expresa a la indemnización por clientela del artículo 34, contenida en el contrato, debe considerarse válida, por cuanto se renuncia a un derecho que es renunciable por mutuo acuerdo, de conformidad con lo previsto en el artículo 4.3 y, a sensu contrario, el artículo 6 de la Ley de Arrendamientos Urbanos (sólo son nulas las renuncias a derechos reconocidos en la citada norma en los arrendamientos de vivienda, lo que excluye tal nulidad por renuncia en los de uso distinto de vivienda, sin que exista norma equivalente en la específica regulación de este contrato en el capítulo III). La renuncia a la indemnización contenida en el artículo 34 de la LAU prevista en el contrato no vulnera norma imperativa alguna. Es por tanto un pacto lícito, en cuanto que no contradice norma imperativa o prohibitiva, no vulnera derecho alguno del adherente al contrato, cumple con las exigencias de claridad de las condiciones generales y no genera desequilibrio alguno en la relación contractual.

Capítulo 7

Fianza y formalización del arrendamiento

1. FIANZA Y GARANTÍAS ADICIONALES (ART. 36)

Regulación Normativa

Artículo 36. Fianza.
1. A la celebración del contrato será obligatoria la exigencia y prestación de fianza en metálico en cantidad equivalente a una mensualidad de renta en el arrendamiento de viviendas y de dos en el arrendamiento para uso distinto del de vivienda.
2. Durante los cinco primeros años de duración del contrato, o durante los siete primeros años si el arrendador fuese persona jurídica, la fianza no estará sujeta a actualización. Pero cada vez que el arrendamiento se prorrogue, el arrendador podrá exigir que la fianza sea incrementada, o el arrendatario que disminuya, hasta hacerse igual a una o dos mensualidades de la renta vigente, según proceda, al tiempo de la prórroga.
3. La actualización de la fianza durante el período de tiempo en que el plazo pactado para el arrendamiento exceda de cinco años, o de siete años si el arrendador fuese persona jurídica, se regirá por lo estipulado al efecto por las partes. A falta de pacto específico, lo acordado sobre actualización de la renta se presumirá querido también para la actualización de la fianza.
4. El saldo de la fianza en metálico que deba ser restituido al arrendatario al final del arriendo, devengará el interés legal, transcurrido un mes desde la entrega de las llaves por el mismo sin que se hubiere hecho efectiva dicha restitución.
5. Las partes podrán pactar cualquier tipo de garantía del cumplimiento por el arrendatario de sus obligaciones arrendaticias adicional a la fianza en metálico.
En el caso del arrendamiento de vivienda, en contratos de hasta cinco años de duración, o de hasta siete años si el arrendador fuese persona jurídica, el valor de esta garantía adicional no podrá exceder de dos mensualidades de renta.
6. Quedan exceptuadas de la obligación de prestar fianza la Administración General del Estado, las Administraciones de las comunidades autónomas y las entidades que integran la Administración Local, los organismos autónomos, las entidades públicas empresariales y demás entes públicos vinculados o dependientes de ellas, y las Mutuas colaboradoras con la Seguridad Social en su función pública de colaboración en la gestión de la Seguridad Social, así como sus Centros Mancomunados, cuando la renta haya de ser satisfecha con cargo a sus respectivos presupuestos.

Cuestiones útiles

1. Exigencia de fianza en metálico al celebrar el contrato

En un contrato de arrendamiento sometido a la LAU tanto de vivienda, como de uso distinto, se exige obligatoriamente una fianza en metálico, teniendo esta norma carácter imperativo:

Arrendamiento de vivienda: La fianza debe equivaler a una mensualidad de renta.

Arrendamiento para uso distinto del de vivienda: La fianza debe ser equivalente a dos mensualidades de renta.

2. Actualización de la fianza en los primeros años del contrato

Durante los cinco primeros años de duración del contrato, o los siete primeros años si el arrendador es persona jurídica, la fianza no estará sujeta a actualización. Sin embargo, al vencerse el plazo inicial, el arrendador tiene derecho a exigir la actualización de la fianza al tiempo de cada prórroga, ajustándola a una mensualidad en arrendamientos de vivienda, o a dos en los arrendamientos de uso distinto de vivienda. De forma análoga, el arrendatario podrá solicitar la disminución de la fianza si la renta vigente es inferior.

3. Actualización de la fianza en contratos de larga duración

Cuando el plazo pactado en el contrato supere los cinco años, o los siete años en caso de que el arrendador sea persona jurídica, la actualización de la fianza se regirá por lo que las partes hayan estipulado expresamente. En caso de que no se haya establecido un acuerdo específico, se presumirá que la actualización de la fianza sigue el mismo criterio pactado para la actualización de la renta. En el caso de los arrendamientos para uso distinto de vivienda y dada la redacción del artículo que se infiere redactado para el caso de arrendamiento de vivienda, la actualización será las que las partes pacten.

4. Devolución de la fianza y devengo de intereses

Al finalizar el arrendamiento, el saldo de la fianza en metálico deberá ser restituido al arrendatario. Si el arrendador no devuelve la fianza en el plazo de un mes desde la entrega de las llaves, la cantidad pendiente devengará el interés legal del dinero desde el día siguiente a la entrega de las llaves hasta el momento de la devolución efectiva de la fianza al arrendatario.

5. Garantías adicionales a la fianza en metálico

Las partes podrán pactar cualquier tipo de garantía adicional a la fianza en metálico para asegurar el cumplimiento por el arrendatario de sus obligaciones derivadas del arrendamiento. En arrendamientos de vivienda, cuando el contrato sea de una duración máxima de cinco años, o de hasta siete años si el arrendador es una persona jurídica, el valor de esta garantía adicional no podrá exceder de dos mensualidades de renta.

Naturalmente para el supuesto de uso de distinto de vivienda, las garantías adicionales serán las que las partes acuerden.

6. Excepciones a la obligación de prestar fianza

Están exceptuadas de la obligación de prestar fianza:

La Administración General del Estado.

Las Administraciones de las comunidades autónomas y las entidades de la Administración Local.

Los organismos autónomos, las entidades públicas empresariales y demás entes públicos vinculados o dependientes de las anteriores.

Las Mutuas colaboradoras con la Seguridad Social y sus centros mancomunados, cuando la renta deba abonarse con cargo a sus respectivos presupuestos.

Jurisprudencia relevante

❒ (*Tol 10268306*) | Civil | Audiencia Provincial de Barcelona | Fecha: 13/09/2024 | Fallo: Fallo desestimatorio | REC: 541/2023 | RES: 543/2024 | ECLI: ES:APB:2024:10840

OBLIGACIÓN DE CONSTITUCIÓN DE FIANZA Y DEVOLUCIÓN DE LA MISMA

En nuestro Derecho, el arrendatario está obligado a constituir la fianza en el momento de formalizar el contrato de arrendamiento. El objeto primordial de esa fianza es el de garantizar el cumplimiento de sus propias obligaciones. Entre esas obligaciones, cabe destacar las de cuidar y conservar el bien arrendado, restituir su posesión, y pagar la renta y las demás cantidades que contractualmente asumiese o que legalmente le correspondan (arts. 1555, 1561 y ss. del Código Civil, en adelante, CC). La obligación de constituir dicha fianza viene impuesta por la Ley, y deberá abonarse en metálico en el momento de celebrar el contrato (arts. 27.2.b y 36 LAU). La cuantía que el legislador ha previsto es la de una mensualidad de renta en arrendamientos de vivienda y de dos en arrendamientos de uso distinto, siendo susceptible de actualización, en función de la duración del arriendo. Según el art. 36.4 LAU, y como indica la Sentencia de la Audiencia Provincial de Barcelona (Sec. 13ª) de 18 de abril de 2006, una vez resuelto el contrato de arrendamiento y devuelta la posesión, el arrendador dispone de un mes para devolver la fianza o, en su caso, determinar el saldo que proceda ser restituido (previa determinación de las rentas adeudadas y demás obligaciones asumidas por el arrendatario que con la fianza se garantizaron, para su compensación con la fianza). En otro caso, se devengará a favor del arrendatario el interés legal, sin perjuicio de la posibilidad de retención por el arrendador hasta el importe de la responsabilidad en que incurriere el arrendatario por el incumplimiento de sus obligaciones y hasta que se defina dicha responsabilidad.

❒ (*Tol 10320575*) | Civil | Audiencia Provincial de Huesca | Fecha: 14/10/2024 | Fallo: Fallo desestimatorio | REC: 244/2023 | RES: 331/2024 | ECLI: ES:APHU:2024:419

Objeto y finalidad de la fianza

En relación a la infracción alegada de contrario referente al artículo 36 de la Ley de Arrendamientos Urbanos, la apelante, refiere jurisprudencia de esta Audiencia Provincial de Huesca, así como de otras Audiencias Provinciales, en atención a que el momento de la extinción de la obligación de pago de rentas, es la de la entrega de las llaves, y devolución de la posesión al arrendador. Establece que de conformidad al artículo 36 de la Ley de Arrendamientos urbanos en su punto cuarto, establece: "El saldo de la fianza en metálico que deba ser restituido al arrendatario al final del arriendo, devengará el interés legal, transcurrido un mes desde la entrega de las llaves por el mismo sin que se hubiere hecho efectiva dicha restitución." Y que en base a ello, es tras la entrega de las llaves, cuando el propietario/arrendador puede examinar el estado inmueble y determinar si procede o no la devolución de la fianza, fundamentándolo en lo dispuesto en la Sentencia de la Audiencia Provincial de Huesca de 10 de noviembre de 2017, que hace referencia al alcance del artículo 36 de la Ley de Arrendamientos Urbanos; "La fianza tiene como finalidad, como se desprende del artículo 36.5 de la Ley de Arrendamientos Urbanos, garantizar que el arrendatario cumpla todas las obligaciones que como tal le competen, entre las cuales se encuentra la devolución de la cosa en el estado en que se recibió, de manera que el crédito para su devolución solo puede nacer después de entregada la cosa arrendada." De manera, que como se establece en la Sentencia combatida, la apelante no ha devuelto la posesión de los locales, pese a los requerimientos efectuados por esta parte, incluso mediante acta notarial, procede la desestimación del recurso en este punto. Atendiendo además a lo establecido en la estipulación tercera de ambos contratos de arrendamiento: "convino una duración de dos años, y a partir de dicho lapso temporal, una prórroga tácita por años adicionales, salvo que mediara por alguna de las partes la voluntad de no prorrogarlo con una antelación mínima de dos meses a cada vencimiento, y siempre que así se comunicara fehacientemente a la otra parte.

❒ (*Tol 10309553*) | Civil | Audiencia Provincial de Girona | Fecha: 16/10/2024 | Fallo: Fallo estimatorio parcial | REC: 634/2024 | RES: 808/2024 | ECLI: ES:APGI:2024:2051

COMPENSACIÓN DE LA FIANZA No existe un pronunciamiento en la sentencia de instancia sobre la solicitada compensación de las rentas debidas con la fianza prestada. La compensación de la fianza no constituye un crédito exigible por el arrendatario hasta la liquidación de la misma que se realiza una vez entregada la posesión. Como señala la SAP Alicante 5 de octubre de 2017 (JUR 2017\302643): "En la LAU vigente, el art. 36, no delimita la finalidad de la fianza fuera de su genérico destino de garantizar el cumplimiento de las obligaciones —de todas— del locatario. En su régimen, la fianza se concibe como una obligación de garantía que se extingue cuando finaliza el contrato (art. 36-4) pudiendo imputarse la cantidad objeto de fianza a la satisfacción de las obligaciones hasta entonces incumplidas por el arrendatario. La restitución viene regulada en el art. 36.4 LAU, configurándose como un derecho de crédito, del que es deudor el arrendador (deudor del saldo que corresponda, tras la liquidación de las responsabilidades en que haya podido incurrir el arrendatario, cubiertas por la fianza) y acreedor el arrendatario (a exigir la devolución); si éste cumplió sus obligaciones la restitución se extiende a toda la suma entregada en su día, pero si incurrió en alguna responsabilidad, será cubierta con la suma entregada, restituyéndose solo la diferencia entre lo entregado y la cantidad en que se calcule la responsabilidad imputable al arrendatario ("el saldo... que deba ser restituido..."), lo que impone una previa liquidación del contrato, y ello solo puede hacerse una vez extinguida la relación arrendaticia ("...al final del arriendo") y siempre que el arrendatario haya restituido la posesión de la finca (pues solo así de un lado se habrán cumplido las obligaciones derivadas del contrato y, de otro, el arrendador podrá examinar la finca y comprobar su estado), y de ahí que la LAU establezca el tiempo de cumplimiento de restitución en el mes siguiente a la fecha de la entrega de las llaves". La posesión de la vivienda se entregó en fecha de 1 de marzo de 2023, con posterioridad a la presentación de la demanda pero constante el procedimiento y la parte actora en ningún momento ha alegado que la vivienda presentara desperfectos a los que hubiera que aplicar su importe, por lo que habiendo transcurrido el plazo previsto en el art. 36 LAU, procede aplicar la misma al pago de una de las dos mensualidades de renta que se declaran debidas en la sentencia. Por lo tanto, la parte demandada debe abonar 1.100 € en concepto de renta (en lugar de los 2.200 € que fueron objeto de condena en instancia) y 933,26 € en concepto de suministros (en lugar de los 1.634,61 € objeto de la condena), lo que hace un total de 2.033,26 €

2. FORMALIZACIÓN DEL ARRENDAMIENTO (ART. 37)

Regulación Normativa

Artículo 37. Formalización del arrendamiento.

Las partes podrán compelerse recíprocamente a la formalización por escrito del contrato de arrendamiento.

En este caso, se hará constar la identidad de los contratantes, la identificación de la finca arrendada, la duración pactada, la renta inicial del contrato y las demás cláusulas que las partes hubieran libremente acordado.

Cuestiones útiles

Para empezar el comentario al presente artículo deberemos hacernos la siguiente pregunta: **¿Un contrato de arrendamiento verbal es válido?**

Conforme a la regla general recogida en el artículo 1258 del Código Civil, los contratos se perfeccionan por el mero consentimiento, y desde entonces obligan al cumplimiento de lo pactado.

Además, el artículo 1278 del CC, establece que "Los contratos serán obligatorios, cualquiera que sea la forma en que se hayan celebrado, siempre que en ellos concurran las condiciones esenciales para su validez".

El artículo 1279 CC completa este punto señalando el derecho de los contratantes a obligarse recíprocamente a formalizar el contrato en escritura pública o cualquier otra forma especial si la ley exigiera ese requisito.

Como consecuencia, los contratos de arrendamiento celebrados de forma verbal son plenamente válidos, si bien hay que hacer algunas precisiones:

Aunque la la Ley 29/1994, de 24 de noviembre, de Arrendamientos Urbanos, no establece la obligatoriedad de que los contratos de arrendamiento deban formalizarse por escrito.

Sin embargo, el artículo 37° contempla la facultad de arrendador y arrendatario de exigir a la otra parte que el contrato se formalice por escrito y que, en este caso, se haga constar la identidad de las partes, la identificación del inmueble, la duración del contrato, la renta inicial y cualquier otra cláusula que hayan pactado las partes.

No podemos ser ajenos a la dificultad probatoria que entraña esta cuestión caso de no existir un acuerdo entre las partes, sobre todo teniendo en cuenta que el presente artículo lo es para los contratos celebrados al amparo del Título II, arrendamiento de vivienda, donde quizás presenta menos dificultades dada la imperatividad de las normas y el poco margen de maniobra de las partes a la hora de pactar las cláusulas fundamentales de un contrato, pero si para los del Título III, uso distinto, donde rige la libertad de partes y donde resulta casi imposible acreditar el conjunto de clausulas que se pactó y que en todo caso dependerá del acervo probatorio que exista y que pueda ser acreditado en la fase precontractual, como los mensajes entre las partes donde fijen las condiciones, y que por cuestiones obvias y con carácter casi general, existen altas posibilidades de acabar en un procedimiento judicial donde se establezcan las mismas.

Si una parte no atiende a la petición de la otra esa formalización del contrato por escrito, deberá ser solicitada a través del oportuno procedimiento judicial.

Jurisprudencia relevante

- (*Tol 9960385*) | Civil | Audiencia Provincial de Barcelona | Fecha: 02/02/2024 | Fallo: Fallo desestimatorio | REC: 1366/2022 | RES: 138/2024 | ECLI: ES:APB:2024:609

Asimismo, cabe señalar que en materia arrendaticia también impera el principio de libertad de forma, de manera que son válidos los contratos verbales (artículo 1.278 y siguientes del Código Civil) como se desprende del artículo 37 de la Ley de Arrendamientos urbanos. Igualmente y a tenor del cual "las partes podrán compelerse recíprocamente a la formalización por escrito del contrato de arrendamiento", lo que a contrario sensu implica igualmente la validez de un contrato de arrendamiento verbal.

Capítulo 8

Contratos de arrendamiento no comprendidos en la LAU

1. CONTRATO DE ARRENDAMIENTO DE HABITACIÓN

El arrendamiento de habitación ubicada en una vivienda, incluso con derecho compartido de los elementos comunes de la misma como cocina, baño y comedor está sujeto a lo pactado por las partes en contrato y en su defecto, al Código Civil (arts. 1.542 y ss.) y no a la Ley de Arrendamientos Urbanos (LAU).

En tal sentido, se indica la Sentencia de la Audiencia Provincial de Madrid, Sec. 12ª, 72/2022, de 18 de febrero, que indica: "La sentencia recurrida considera que el contrato concertado entre las partes, que tenía por objeto del arrendamiento de una habitación, no está regido por la Ley de Arrendamientos Urbanos, sino por los artículos 1.544 a 1.582 del Código civil, calificación aceptada por ambas partes, por lo que, no siendo objeto de controversia en el recurso, a tal calificación debe estarse a la hora de resolver el mismo, por aplicación de lo dispuesto en el artículo 465.5 de la Ley de Enjuiciamiento Civil".

Siendo esto así, el período de duración del contrato se rige por lo pactado entre las partes, no estando obligado a prórrogas, y no existiendo más límites a las subidas de la renta que lo pactado entre arrendador y arrendatario.

Por último, y aunque es cierto que se han planteado ciertas dudas, esta ya resuelto por los Tribunales que han declarado que a esta clase de arrendamientos también le es de aplicación el procedimiento de desahucio previsto (del art. 250.1.1º de la Ley de Enjuiciamiento Civil) en caso de impago de la renta porque este procedimiento está previsto para la recuperación de la posesión por parte del arrendador de una finca en sentido amplio, esté o no sujeto a las preceptos de la LAU.

2. CONTRATO DE ARRENDAMIENTO DE GARAJE

Si bien es cierto que existen dos corrientes jurisprudenciales sobre su inclusión o no en la la LAU, la misma carece de una relativa importancia, ya que en ambos casos, LAU o CC, primaría para su regulación contractual la voluntad de las partes.

Una primera corriente doctrinal entiende que el arrendamiento de plazas de aparcamiento está incluido en los arrendamientos para uso distinto de vivienda regulados en la Ley, por entender que la clasificación del artículo 1 es omnicomprensiva. Ahora bien, incluso dentro de esta tesis, puesto que para que exista arrendamiento urbano el artículo 2 de la misma Ley exige que se trate de una edificación, se precisa que la plaza de aparcamiento constituya una edificación, lo que traería como consecuencia que tal tipo de arrendamiento estaría sujeto a la Ley si está situado en un conjunto edificado, o se halla él mismo edificado y se regiría por el Código Civil si estuviera al aire libre, lo cual, si bien parece propiciado por los términos literales de la Ley, lleva a conclusiones absurdas, puesto que habría que distinguir: arrendamientos de plazas que sean accesorios del arrendamiento de una vivienda, que se regirían por las normas del arrendamiento de vivienda, los de plazas sitas dentro de una construcción, o construidas ellas mismas y no accesorias del arrendamiento de una vivienda, que se regirían por las normas del arrendamiento distinto de vivienda, y los arrendamientos dentro de un solar o terreno no construido, que se regirían por el Código Civil.

Por ello, la tesis mayoritaria concluye que el arrendamiento de plazas de garaje no está sometido a la Ley de Arrendamientos Urbanos, salvo en el caso de que el arrendamiento de la plaza sea accesorio del de la vivienda, y ello porque, a los efectos de la misma debe considerarse que tales plazas de garaje no constituyen edificación —ya que en ellas la edificación es algo accesorio, siendo lo esencial la posibilidad de guardar un vehículo; tales plazas de aparcamiento no se hallan enumeradas en los supuestos de arrendamiento para uso distinto de vivienda a que se refiere el artículo 3. 2 de la Ley —siquiera esta enumeración sea ejemplificativa—, ni en la Exposición de Motivos de la Ley cuando dice (apartado 3) que "la ley abandona la distinción tradicional entre arrendamientos de vivienda y arrendamientos de locales de negocio y asimilados para diferenciar entre arrendamientos de vivienda, que son aquellos dedicados a satisfacer la necesidad de vivienda permanente del arrendatario, su cónyuge o sus hijos dependientes, y arrendamientos para usos distintos al de vivienda, categoría ésta que engloba los arrendamientos de segunda residencia, los de temporada, los tradicionales de local de negocio y los asimilados a éstos"

De las misma forma que en el caso anterior, habitación, le sería de aplicación el desahucio previsto (del art. 250.1.1º de la Ley de Enjuiciamiento Civil) en caso de impago por la misma razón esgrimida que para el contrato de habitación.

3. CONTRATO DE ARRENDAMIENTO DE INDUSTRIA

En el arrendamiento de local de negocio, sometido a la ley arrendaticia urbana, lo cedido, a cambio de la renta, es el elemento inmobiliario; el local. Es decir, un espacio construido y apto para que en él se explote un negocio. Negocio que tendrá que instalar el arrendatario; incluso haciendo las obras de adaptación necesarias para ello, tramitar las oportunas licencias administrativas, concertar con los distintos suministradores, etcétera.

b) A diferencia del anterior, en el contrato de arrendamiento de industria el objeto del arrendamiento está determinado por una doble composición integradora: Por una parte, el local de negocio propiamente dicho, el habitáculo, el inmueble en que se desarrollará la actividad negocial, como soporte material. Por otra, el negocio o empresa instalada. La actividad negocial que se desarrollaba en ese local; por lo que no sólo se transmite el uso del local, sino además todos los elementos necesarios para su explotación; sin perjuicio de que algunos elementos se transfieran por medio de compraventa, normalmente los bienes fungibles (bebidas, comida, materias primas, etcétera). Se arrienda el negocio en sí (la empresa, sus instalaciones, clientela, fondo de comercio, etcétera), para que pueda ponerse en marcha de forma más o menos inmediata, y sin perjuicios de que el arrendatario tenga que cumplir con formalidades administrativas. Lo que caracteriza el arrendamiento de industria es que se arrienda un todo patrimonial, una unidad patrimonial con vida propia determinante del concepto jurídico de industria, con elementos necesarios para su subsiguiente explotación.

Cuando lo alquilado es una unidad patrimonial con vida propia y susceptible de ser inmediatamente explotada o pendiente para serlo de meras formalidades administrativas, el contrato no está sometido a la Ley de Arrendamientos Urbanos, si no que lo esta al código civil, primando por tanto la libertad de las partes.

Capítulo 9

Procesos arrendaticios

1. CLASES DE JUICIO EN MATERIA DE ARRENDAMIENTOS URBANOS

1.1. Tipos de juicio en materia de arrendamientos urbanos según la Ley de Enjuiciamiento Civil

Para determinar el proceso adecuado para resolver los conflictos en materia de arrendamientos urbanos es necesario observar la distinción que establece la Ley de Enjuiciamiento Civil en su artículo 248 de los dos tipos de procesos declarativos, el Juicio Ordinario y el Juicio Verbal.

Asimismo para determinar la clase de juicio a seguir debemos atender en primer lugar a las materias reservadas para cada uno de los tipos y, en defecto de norma específica en función de la materia deberemos acudir a los criterios de cuantía.

1.2. Distinción entre juicio ordinario y juicio verbal según la cuantía

Juicio Ordinario: En términos generales y en defecto de materia específica, el juicio ordinario será el adecuado cuando la cuantía del proceso exceda de 15.000 euros o cuando el interés económico del procedimiento sea imposible de calcular.

Juicio Verbal: Cuando la cuantía del procedimiento no exceda de 15.000 euros, el asunto en cuestión se resolverá a través de un juicio verbal.

1.3. Materias en arrendamientos urbanos con procedimiento determinado por ley. Aplicación de los artículos 249 y 250 de la Ley de Enjuiciamiento Civil en juicios de arrendamientos urbanos

No obstante la Ley de Enjuiciamiento Civil reserva como decíamos ciertas materias para su tramitación a través del Juicio Ordinario y otras a través del Juicio Verbal independientemente de su cuantía

En materia de arrendamientos urbanos, los artículos 249 y 250 de la Ley de Enjuiciamiento Civil regulan las situaciones en que debe aplicarse el juicio ordinario o verbal, respectivamente.

La reforma del artículo 249.1.6° de la LEC, implementada por el Real Decreto-Ley 7/2019, establece que las demandas relacionadas con arrendamientos urbanos se tramitarán en juicio ordinario, cualquiera que sea su cuantía, excepto en los siguientes supuestos, que se tramitarán conforme a las reglas generales de cuantía de la Ley de Enjuiciamiento Civil:

- Reclamaciones de rentas o cantidades debidas por el arrendatario.
- Desahucios por falta de pago o por expiración del plazo de la relación arrendaticia.
- Casos en los que sea posible hacer una valoración de la cuantía del objeto del procedimiento y ésta no supere los 15.000€.

1.4. Modificación del artículo 249.1.6º LEC en 2019 y su impacto en los arrendamientos urbanos

Redacción actual del artículo 249.1.6° LEC:

Las demandas en materia de arrendamientos urbanos deberán ventilarse en juicio ordinario cualquiera que sea su cuantía, salvo en los siguientes casos:

Demandas que versen sobre reclamación de rentas o cantidades adeudadas por el arrendatario.

Demandas de desahucio por falta de pago o por expiración del plazo de la relación arrendaticia.

Demandas en las que sea posible realizar una valoración de la cuantía del objeto del procedimiento, en cuyo caso el juicio aplicable será el que corresponda conforme a las reglas generales (juicio verbal para cantidades no superiores a 15.000 euros y juicio ordinario para las superiores). Esta última previsión introducida por el Real Decreto-Ley 7/2019 viene a permitir al arrendatario que cualquier reclamación que pretenda frente al arrendador y que no supere la cuantía límite de 15.000€, sea tramitada por el juicio verbal en lugar del juicio ordinario como hasta la reforma venía ocurriendo.

1.5. Procedimientos en materia de arrendamientos urbanos que se tramitan mediante juicio verbal

En el marco de los arrendamientos urbanos, deberán tramitarse en juicio verbal, con independencia de la cuantía del procedimiento, las siguientes demandas:

Reclamaciones por impago de renta (artículo 250.1.1° LEC).

Reclamaciones de cantidades asimiladas a la renta, tales como luz, agua, comunidad de propietarios, IBI, entre otros (artículo 250.1.1° LEC).

Reclamación de la posesión de la finca arrendada por incumplimiento de pago (desahucio por falta de pago) (artículo 250.1.1° LEC).

Reclamación de la posesión de la finca arrendada por finalización del contrato (desahucio por expiración) (artículo 250.1.1° LEC).

Cualquier procedimiento sobre arrendamientos urbanos en el que se pueda hacer una valoración del objeto y no exceda de 15.000 euros (reforma del artículo 249.1.6 LEC).

1.6. Procedimientos en materia de arrendamientos urbanos que se tramitan mediante juicio ordinario

Las demandas en materia de arrendamientos urbanos que deben tramitarse en juicio ordinario, sin importar la cuantía, incluyen:

Cualquier otra cuestión en materia de arrendamientos urbanos que no esté incluida en los apartados anteriores (artículo 249.1.6° LEC).

Demandas en las que sea posible valorar la cuantía y esta exceda de 15.000 euros (artículo 249.1.6° LEC).

Desahucios por falta de pago o por expiración del término con cuestiones complejas, tales como disputas que afecten a la propiedad, nulidad del título u otras cuestiones derivadas del contrato y no de las alegaciones creadas artificialmente por el demandado.

2. EL JUICIO DE DESAHUCIO

El juicio de desahucio es un procedimiento judicial cuyo objeto es la recuperación por el arrendador de una finca dada en arrendamiento. Se define como un proceso especial y sumario que permite al dueño o arrendador de una finca, entregada en arrendamiento, recuperarla.

¿Cuál es el objetivo principal del juicio de desahucio?

El objetivo del juicio de desahucio es que el dueño o arrendador de una finca recupere la posesión de esta cuando la ha entregado en arrendamiento y se presentan causas justificadas para ello.

2.1. Tipos de Juicios de Desahucio

Los tipos de juicio de desahucio son:

- Desahucio por falta de pago de la renta o cantidades debidas, que incluye pagos como suministros de luz, agua, comunidad de propietarios, o el Impuesto sobre Bienes Inmuebles (IBI) impagado por el inquilino.
- Desahucio por expiración del término o plazo legal convenido en el contrato de arrendamiento.
- Desahucio por precario.

En el desahucio por precario, el propietario pretende recuperar la posesión de una finca urbana o rústica que había sido cedida gratuitamente y sin título en favor de otra persona. En estos casos, la finca no está arrendada; ha sido cedida sin contrato alguno.

(*Tol 8251440*)
CONCEPTO DE PRECARIO

Tribunal Supremo. Sala Primera, de 21/12/2020 RES: 691/2020 REC: 962/2020 (*Tol 8251440*)

> "2.- *La institución jurídica del precario no aparece específicamente regulada en nuestro ordenamiento, si bien la mayoría de la doctrina lo encuadra en el art. 1750 CC. No obstante, ha sido desarrollado por una abundante jurisprudencia, que ha definido el precario como "una situación de hecho que implica la utilización gratuita de un bien ajeno, cuya posesión jurídica no nos corresponde, aunque nos hallemos en la tenencia del mismo y por tanto la falta de título que justifique el goce de la posesión, ya porque no se haya tenido nunca, ya porque habiéndola tenido se pierda o también porque nos otorgue una situación de preferencia, respecto a un poseedor de peor derecho" (sentencias 110/2013, 28 de febrero; 557/2013, 19 de septiembre; 545/2014, de 1 de octubre, y 134/2017, de 28 de febrero). Existe el precario: (i) cuando hay una situación de tolerancia sin título; (ii) cuando sobreviene un cambio de la causa por cesar la vigencia del contrato antes existente, (iii) o incluso la posesión gratuita sin título y sin la voluntad del propietario (SSTS de 3 de diciembre de 1958 y 30 de octubre de 1986, entre otras).*

2.2. Regulación del Juicio de Desahucio

La regulación general del juicio de desahucio se encuentra en la Ley de Enjuiciamiento Civil (LEC). Sin embargo, existen diversas normas que afectan al procedimiento, destacando entre ellas la Ley 12/2023 de 24 de mayo, por el Derecho a la Vivienda y la LO 1/2025, de 2 de enero, de medidas en materia de eficiencia del Servicio Público de Justicia, cuya entrada en vigor coincide con la publicación de la presente obra y cuyas novedades se analizarán en capítulo aparte.

Las reformas en el procedimiento de desahucio buscan agilizar el proceso, permitiendo a los arrendadores recuperar sus viviendas o locales más rápidamente y generar confianza para que estos vuelvan a poner sus propiedades en el mercado inmobiliario, sin embargo las reformas realizadas han producido hasta el día de hoy justo el efecto contrario. Asimismo y desde un punto de vista estrictamente práctico, no cabe pensar que los denominados SMAC introducidos por la LO 1/2025 de eficiencia procesal sirvan para agilizar los conflictos relativos a juicios de desahucio, fundamentalmente en el impago de rentas,dado que la práctica cotidiana nos enseña que aquel arrendatario que no abona la renta, generalmente se haya situado en posición de insolvencia, por lo que difícilmente será posible acuerdo alguno. Como muestra baste ver anteriores experiencias legislativas como la de la posibilidad de condonación de la deuda que han tenido poco o ningún éxito en su aplicación.

Las dos reformas más importantes han sido:

La modificación de la Ley de Enjuiciamiento Civil realizada por el Real Decreto-Ley 6/2023 de 6 de diciembre.

La Ley 12/2023 de 24 de mayo por el Derecho a la Vivienda. La Ley Orgánica 1/2025 de 2 de enero de medidas en materia de eficiencia del Servicio Público de Justicia.

3. PROCEDIMIENTO

3.1. Competencia

La competencia objetiva y funcional en los juicios de desahucio corresponde a los Juzgados de Primera Instancia (artículo 45 de la LEC).

La competencia territorial le corresponde al Juzgado de Primera Instancia del lugar donde esté ubicada la finca objeto del desahucio (artículo 52.1.7º de la LEC).

3.2. Intervención de Abogado y Procurador

En el juicio de desahucio es obligatoria la intervención de abogado y procurador en el procedimiento, independientemente de la cuantía del asunto, según lo dispuesto en los artículos 31 y 23 de la LEC.

3.3. Legitimación

La legitimación activa en el juicio de desahucio corresponde al arrendador, es decir, a quien figura como parte en el contrato de arrendamiento.

La legitimación pasiva en el juicio de desahucio la tiene el arrendatario, la persona que está ocupando la finca en virtud del contrato de arrendamiento.

3.4. Reclamación de Rentas Adeudadas

En un juicio de desahucio por falta de pago de la renta o por expiración del término, el arrendador tiene la opción de:

- Solicitar únicamente la recuperación de la vivienda o local de negocio, exigiendo la entrega del inmueble.
- Acumular a la recuperación de la finca la reclamación de las rentas y cantidades adeudadas. El arrendador elige si solicita solo la posesión de la finca o si acumula esta solicitud a la reclamación de las cantidades impagadas (artículo 437.4 de la LEC).

En dicho supuesto de acumulación, en la demanda se podrá solicitar que el demandado también sea condenado a pagar las rentas devengadas con posterioridad a la demanda y hasta la entrega de la posesión efectiva de la finca (artículo 220.2 de la LEC).

(*Tol 10040869*) **Sentencia de la Audiencia Provincial de Barcelona, de 27 de marzo de 2024, Núm. Res. 166/2024, Núm. de Rec. 668/2022**

> *En relación con la acción de reclamación de rentas o de cantidades asimiladas, invocaba la doctrina legal que proclama que dicha acción es autónoma, aunque se permita su acumulación a la de desahucio por falta de pago o expiración de plazo, de modo que la desestimación de la acción de desahucio por expiración de plazo no impedía la eventual estimación de la acción acumulada de reclamación de rentas.*
>
> *"Es doctrina jurisprudencial reiterada que la obligación por parte del arrendatario del pago de la renta (bien sea propiamente como renta bien en concepto de contraprestación por el uso en el supuesto de que el arrendatario se mantenga en la posesión a pesar de la extinción del contrato) se mantiene en tanto no se reintegra al arrendador en la posesión de la finca, poniéndola a su disposición (normalmente mediante la entrega de las llaves), no bastando para poner fin a dicha obligación el mero abandono de la finca. Por tanto, es innegable la obligación del arrendatario de seguir abonando la renta en tanto se mantenga en la posesión de la finca arrendada. Ahora bien, no cabe la condena a cumplir obligaciones que no han sido previamente incumplidas. La LEC permite "cuando se trate de juicios de desahucios de finca por falta de pago o por expiración legal o contractual del plazo", como el que nos ocupa, "la acumulación de las acciones en reclamación de rentas o cantidades análogas vencidas y no pagadas" (art. 437.4.3ª LEC). Por otra parte, el art. 220.2 LEC permite "en los casos de reclamaciones de rentas periódicas, cuando la acción de reclamación se acumule a la acción de desahucio por falta de pago o por expiración legal o contractual del plazo" (luego es necesario, conforme a lo dispuesto en el art. 437.4.3 transcrito, que se reclamen rentas vencidas y no pagadas), a instancia del actor en la demanda, "la condena a satisfacer también (esto es, además de las vencidas y no pagadas) las rentas debidas que se devenguen con posterioridad a la presentación de la demanda hasta la entrega de la posesión efectiva de la finca (rentas futuras), tomándose como base de la liquidación de las rentas futuras, el importe de la última mensualidad reclamada (ha de haber, pues, reclamación de rentas anteriores) al presentar la demanda".*

Ninguno de aquellos presupuestos se presenta en el caso que se debate. Es cierto, en principio, que era responsabilidad de la propietaria presentar al pago los recibos de renta, pero no lo es menos que ello no impedía la subsistencia a cargo de la inquilina de la obligación legal de satisfacer las mensualidades y de desplegar todos los medios a su alcance para solventar tal obligación. No consta ni que ofreciera el pago a la propietaria, ni que consignara a disposición de esta última, notarial o judicialmente, aquellas rentas. Es decir, y en términos empleados por la doctrina jurisprudencial expuesta, la arrendataria "no hizo todo lo que estaba en su mano para el cumplimiento de su obligación".

3.5. Enervación del desahucio

La enervación del desahucio es una forma de terminar el procedimiento judicial de desahucio sin que se produzca el lanzamiento del inquilino, permitiéndole pagar o consignar todas las cantidades adeudadas para continuar el contrato de arrendamiento en vigor. Los procesos de desahucio por falta de pago de las rentas o cantidades debidas se terminarán mediante decreto dictado por el Letrado de la Administración de Justicia si el demandado, en los términos del artículo 438.5 de la LEC, paga al actor o pone el importe de las cantidades reclamadas a disposición del Tribunal o notarialmente en el plazo conferido. Si el demandante se opone a la enervación, se citará a las partes a la vista según el artículo 443 de la LEC, y el Juez dictará sentencia declarando enervada la acción o estimando la demanda y el desahucio.

La enervación solo se permite una vez durante el contrato, salvo que el cobro no haya sido posible por causas imputables al arrendador, o si el arrendador ha requerido el pago al arrendatario, con un mínimo de treinta días antes de presentar la demanda, y el pago no se hubiera efectuado a la presentación (artículo 22.4 de la LEC).

El arrendatario solo puede enervar el desahucio una vez a lo largo del contrato, salvo que el cobro no hubiera sido posible por causas imputables al arrendador, o cuando el arrendador hubiese requerido el pago al arrendatario por cualquier medio fehaciente con, al menos, treinta días de antelación a la presentación de la demanda y el pago no se hubiese efectuado (artículo 22.4 de la LEC).

(*Tol 4364785*)
Origen: Tribunal Supremo
Fecha: 28/05/2014
Tipo resolución: Sentencia
Sala: Primera Sección: Primera
Número Sentencia: 302/2014 Número Recurso: 1051/2012

El art. 22.4 LEC establece:

"Los procesos de desahucio de finca urbana o rústica por falta de pago de las rentas o cantidades debidas por el arrendatario terminarán mediante decreto dictado al efecto por el Secretario Judi-

cial si, antes de la celebración de la vista, el arrendatario paga al actor o pone a su disposición en el Tribunal o notarialmente el importe de las cantidades reclamadas en la demanda y de las que adeude en el momento de dicho pago enervador del desahucio. Si el demandante se opusiera a la enervación por no cumplirse los anteriores requisitos, se citará a las partes a la vista prevenida en el artículo 443 de esta Ley, tras la cual el Juez dictará sentencia por la que declarará enervada la acción, o en otro caso, estimará la demanda habiendo lugar al desahucio.

Lo dispuesto en el párrafo anterior no será de aplicación cuando el arrendatario hubiera enervado el desahucio en una ocasión anterior, excepto que el cobro no hubiera tenido lugar por causas imputables al arrendador ni cuando el arrendador hubiese requerido de pago al arrendatario por cualquier medio fehaciente con, al menos, un mes de antelación a la presentación de la demanda y el pago no se hubiese efectuado al tiempo de dicha presentación".

La interpretación de este precepto ha provocado dos interpretaciones diversas por las Audiencia Provinciales:

a) Una que exige la comunicación expresa al arrendador de que se da por resuelto el contrato de arrendamiento, en el caso de no abonarse la cantidad reclamada debidamente especificada.

b) Otra que entiende que basta con el requerimiento de pago, sin advertir de consecuencias resolutorias; tampoco exigiendo el anuncio de que no podrá enervar la acción de desahucio si no paga en el plazo preceptivo.

TERCERO.- En el presente caso se informaba a la arrendataria, que recibió el burofax, del importe del IBI, de la anualidad a la que correspondía, fotocopia de los recibos y se añadía que "en el caso de no ser atendidos los correspondientes al año 2009, PRESENTAREMOS Denuncia (letra negrita reproduce la del requerimiento) por incumplimiento de contrato".

En suma, la comunicación fue clara y su recepción evidente, advirtiendo de presentación de denuncia (entiéndase demanda) por incumplimiento en caso de impago.

Puesta en relación el requerimiento con el art. 22.4 LEC debemos concluir que dicho precepto exige:

1. La comunicación ha de contener un requerimiento de pago de renta o cantidad asimilada.

2. Ha de ser fehaciente, es decir, por medio que permita acreditar que llegó a conocimiento del arrendatario, con la claridad suficiente.

3. Ha de referirse a rentas impagadas.

4. Debe transcurrir el plazo legalmente previsto, que ha venido fluctuando entre uno y dos meses, en las sucesivas reformas legales.

5. Que el arrendatario no haya puesto a disposición del arrendador la cantidad reclamada.

Sin embargo, en dicho precepto no se exige que se comunique al arrendatario:

1. Que el contrato va a ser resuelto.

2. Que no procederá enervación de la acción de desahucio si no se paga en el plazo preceptivo.

El legislador no obliga al arrendador a que se constituya en asesor del arrendatario, sino tan solo a que le requiera de pago.

En el presente caso, la arrendadora va más allá y anuncia una denuncia (demanda) por incumplimiento. Esta información que se traslada a la arrendataria es la crónica anunciada de un proceso judicial y no podía pasar desapercibida a la arrendataria, ni su gravedad ni las consecuencias, pues es comúnmente sabido que el impago de rentas genera la resolución del contrato y el desahucio de la vivienda o local.

Como declara la sentencia de esta Sala de 26 de marzo de 2009 (rec. 1507/2004), la enervación del desahucio no se configura tanto como un derecho cuanto como una oportunidad del arrendatario para evitar el desahucio por falta de pago, porque al arrendador no le es indiferente el momento en que se le pague la renta estipulada.

En el presente caso, la arrendadora va más allá y anuncia una denuncia (demanda) por incumplimiento. Esta información que se traslada a la arrendataria es la crónica anunciada de

un proceso judicial y no podía pasar desapercibida a la arrendataria, ni su gravedad ni las consecuencias, pues es comúnmente sabido que el impago de rentas genera la resolución del contrato y el desahucio de la vivienda o local.
No estamos ante un derecho del arrendatario que pudiera conllevar la necesaria información para su ejercicio, sino ante un derecho del arrendador a que se le abonen las rentas y cantidades asimiladas (IBI) y una obligación de pago por parte del arrendatario.
Como declara la sentencia de esta Sala de 26 de marzo de 2009 (rec. 1507/2004), la enervación del desahucio no se configura tanto como un derecho cuanto como una oportunidad del arrendatario para evitar el desahucio por falta de pago, porque al arrendador no le es indiferente el momento en que se le pague la renta estipulada.
Por lo expuesto procede desestimar ambos recursos dado que la arrendataria pagó el IBI fuera de plazo, pese a habérsele requerido de pago a éste".

3.6. Acumulación subjetiva de acciones frente al fiador

Conforme al artículo 437.4 LEC, el arrendador puede acumular acciones contra el fiador o avalista solidario del contrato, en relación a la reclamación de las rentas debidas o cantidades asimiladas a la renta, siempre que haya efectuado un requerimiento previo de pago a éste antes de presentar la demanda de desahucio.

3.7. Contenido de la demanda en el juicio de desahucio

Además de la identificación de las partes, demandante y demandada, de la finca objeto de desahucio y del contenido del contrato, la demanda de juicio verbal de desahucio, ya fuere por falta de pago o por expiración del término, debe cumplir con los requisitos de admisibilidad que marca el artículo 439.6 y 439.7 de la LEC, a saber:

- En primer lugar debe hacer referencia a si el inmueble constituye o no la vivienda habitual del ocupante, según el artículo 439.6 de la LEC.
- Igualmente si el demandante tiene la condición de gran tenedor de vivienda, en los términos del artículo 3.k) de la Ley por el Derecho a la Vivienda (artículo 439.6 de la LEC), acreditando tal circunstancia con la presentación con la demanda de certificación del Registro de la Propiedad de las propiedades de las que el arrendador es titular.

3.8. Tramitación del Juicio de Desahucio por Falta de Pago de la Renta

Una vez admitida a trámite y notificada la parte demandada, ésta deberá, en el plazo de diez días a partir del día siguiente a la notificación de la demanda, optar entre desalojar el inmueble, pagar las cantidades adeudadas o, si desea enervar el desahucio, pagar la totalidad de lo reclamado en la demanda y lo que adeude en ese momento, poniéndolo a disposición del Tribunal o notarialmente (artículo 438.5 de la LEC), o en otro caso deberá comparecer formulando oposición a la demanda y alegando las razones por las que, a su entender, no debe, en todo o en parte, la cantidad reclamada o las circunstancias relativas a la procedencia de la enervación (438.6 LEC).

Falta de pago u oposición. Si el demandado no realiza ninguna de las actuaciones requeridas, el Letrado de la Administración de Justicia dictará un decreto dando por terminado el juicio y fijará la fecha de lanzamiento (artículo 440.3 de la LEC).

Oposición a la demanda. Si el arrendatario se opone en su contestación, se dará trámite a ambas partes de proposición de prueba por escrito y en su caso celebración de vista si el tribunal lo entiende necesario para la práctica de las pruebas propuestas.

Cuando la única prueba que resulte admitida sea la de documentos, y éstos ya se hubieran aportado al proceso sin resultar impugnados, o cuando se hayan presentado informes periciales y el tribunal no haya considerado pertinente o útil la presencia de los peritos en el juicio, se procederá a dictar sentencia, sin previa celebración de la vista. Art. 438.8, 438.9, 438.10 LEC, en la redacción dada por la LO 1/2025 de 2 de enero.

Allanamiento. En caso de allanarse la parte demandada, el Letrado de la Administración de Justicia dictará un decreto finalizando el procedimiento, y se dejará sin efecto la diligencia de lanzamiento, a menos que el demandante solicite su mantenimiento (artículo 440.3 de la LEC).

(*Tol 8248778*)
Jurisdicción: Civil
Ponente: MARÍA DEL CARMEN FLOREZ MIRANDA Ir a
Origen: Juzgado de Primera Instancia e Instrucción
Fecha: 27/09/2020
Tipo resolución: Sentencia Sección: Quinta

En cuanto a las alegaciones sobre la falta de legitimación pasiva efectuadas por el codemandado alejo conviene hacer referencia a la sentencia de la audiencia provincial de Barcelona, sección cuarto, de fecha 01/04/2019 que tras indicar que cuando los miembros de la pareja son coarrendatarios no son de aplicación ni el artículo 12 ley de arrendamientos urbanos, que regula el desistimiento y vencimiento en caso de matrimonio o convivencia del arrendatario, ni el artículo 15 ley de arrendamientos urbanos previsto para los supuestos de separación, divorcio y nulidad del matrimonio del arrendatario, nos recuerda que: "cuando son dos los arrendatarios firmantes del contrato, y uno de ellos abandona la vivienda con pretensión de desligarse de la relación arrendaticia y que la misma sea asumida por la otra parte coarrendataria, cesando en su obligaciones y derechos al respecto, ello implica, como dice la sentencia dictada por la sección 13 ª de este audiencia provincial de 28/01/2015 un novación subjetiva del contrato de naturaleza modificativa que necesita del consentimiento de la parte arrendadora, cuando en el contrato no existe, como en el caso de autos, previsión al respecto, pues el mero abandono de la vivienda o renuncia al contrato por parte de uno de los cotitulares arrendaticios no le desvincula de las obligaciones asumidas frente al arrendador y podría ser constitutivo de causa de resolución, en tanto, opera un cesión de la ley de arrendamientos urbanos 1994).

No existiendo consentimiento por la parte arrendadora a tal cambio en la persona del arrendatario, ni previsión contractual o legal que permita a uno de los coarrendatarios desligarse del contrato a favor del otro, es claro que ambos, sea quien sea quien ocupe la vivienda, independientemente de los acuerdos entre ellos a quienes únicamente vinculan por el principio de relatividad de los contratos (artículo 1.257 Código Civil), y no a la parte arrendadora, han de responder de manera solidaria del pago de la renta del contrato." En este punto conviene recordar que es doctrina reiterada y constante que para que un coarrendatario quede desvinculado del contrato de arrendamiento debe notificarlo al arrendador y que éste debe consentir. Al respecto, la Sentencia de la AP de Barcelona, sección 13ª, de fecha 14 de noviembre de 2014 señala: "Se plantean las consecuencias del abandono de la finca por parte de uno de los coarrendatarios durante la vigencia del contrato. Es posición mayoritaria que, salvo en el supuesto en que se haya pactado expresamente tal posibilidad (ocupación solidaria, que no se presume —art. 1137 CC—), el abandono de la finca por parte de uno de los cotitulares arrendaticios no le desvincula de las obligaciones asumidas frente al arrendador con la excepción de que tal abandono haya sido comunicado al arrendador y aceptado-consentido.

3.9. Tramitación del Juicio de Desahucio por Expiración del Término o Plazo Legal

Una vez presentada la demanda, se da traslado al arrendatario para que conteste en el plazo de diez días, y ambas partes pueden pronunciarse sobre la pertinencia de celebrar una vista, practicándose las pruebas y quedando los autos vistos para sentencia (artículo 438.1 de la LEC).

Si el demandado no comparece, el lanzamiento se ejecutará en la fecha fijada en el requerimiento, aun cuando no se haya celebrado la vista.

3.10. Pago de las rentas para poder recurrir

Si el demandado pretende interponer recurso de apelación ante la Audiencia Provincial contra la sentencia dictada en juicio de desahucio por falta de pago, deberá justificar el pago de las rentas adeudadas para poder recurrir (artículo 449 de la LEC), en otro caso no se admitirá el recurso y la sentencia será firme.

(*Tol 10040869*)

Sentencia de la Audiencia Provincial de Barcelona, de 27 de marzo de 2024, Núm Res. 166/2024, Núm. de Rec. 668/2022

> *En relación con la acción de reclamación de rentas o de cantidades asimiladas, invocaba la doctrina legal que proclama que dicha acción es autónoma, aunque se permita su acumulación a la de desahucio por falta de pago o expiración de plazo, de modo que la desestimación de la acción de desahucio por expiración de plazo no impedía la eventual estimación de la acción acumulada de reclamación de rentas.*
>
> *"Es doctrina jurisprudencial reiterada que la obligación por parte del arrendatario del pago de la renta (bien sea propiamente como renta bien en concepto de contraprestación por el uso en el supuesto de que el arrendatario se mantenga en la posesión a pesar de la extinción del contrato) se mantiene en tanto no se reintegra al arrendador en la posesión de la finca, poniéndola a su disposición (normalmente mediante la entrega de las llaves), no bastando para poner fin a dicha obligación el mero abandono de la finca. Por tanto, es innegable la obligación del arrendatario de seguir abonando la renta en tanto se mantenga en la posesión de la finca arrendada. Ahora bien, no cabe la condena a cumplir obligaciones que no han sido previamente incumplidas. La LEC permite "cuando se trate de juicios de desahucios de finca por falta de pago o por expiración legal o contractual del plazo", como el que nos ocupa, "la acumulación de las acciones en reclamación de rentas o cantidades análogas vencidas y no pagadas" (art. 437.4.3ª LEC). Por otra parte, el art. 220.2 LEC permite "en los casos de reclamaciones de rentas periódicas, cuando la acción de reclamación se acumule a la acción de desahucio por falta de pago o por expiración legal o contractual del plazo" (luego es necesario, conforme a lo dispuesto en el art. 437.4.3 transcrito, que se reclamen rentas vencidas y no pagadas), a instancia del actor en la demanda, "la condena a satisfacer también (esto es, además de las vencidas y no pagadas) las rentas debidas que se devenguen con posterioridad a la presentación de la demanda hasta la entrega de la posesión efectiva de la finca (rentas futuras), tomándose como base de la liquidación de las rentas futuras, el importe de la última mensualidad reclamada (ha de haber, pues, reclamación de rentas anteriores) al presentar la demanda".*
>
> *Ninguno de aquellos presupuestos se presenta en el caso que se debate. Es cierto, en principio, que era responsabilidad de la propietaria presentar al pago los recibos de renta, pero no lo es menos que ello no impedía la subsistencia a cargo de la inquilina de la obligación legal de satisfacer las mensualidades y de desplegar todos los medios a su alcance para solventar tal obligación. No consta ni que ofreciera el pago a la propietaria, ni que consignara a disposición de esta última, notarial o judicialmente, aquellas rentas. Es decir, y en términos empleados por la doctrina jurisprudencial expuesta, la arrendataria "no hizo todo lo que estaba en su mano para el cumplimiento de su obligación".*

3.11. Juicio de Desahucio por Precario

La Ley de Enjuiciamiento Civil, en su artículo 250.1.2º, establece que los juicios de desahucio por precario se tramitarán conforme a las normas del juicio verbal.

La legitimación activa la tiene quien ostente el título de dueño o cualquier otro derecho real sobre la finca, que le permita el disfrute del inmueble, como el usufructuario (artículo 10 de la LEC).

La legitimación pasiva la ostenta el demandado que disfruta o tiene en precario la posesión material de una finca, lo que significa el uso de una cosa ajena sin pago de renta, basándose únicamente en la tolerancia o liberalidad del propietario o poseedor real (artículo 250.1.2º de la LEC).

Al igual que en el resto de juicios de desahucio, en el desahucio por precario es obligatoria la intervención tanto de abogado como de procurador.

Admitida la demanda, se da traslado al arrendatario para que conteste en el plazo de diez días y pueda pronunciarse sobre la pertinencia de celebrar una vista, tal como dispone el artículo 438.3 de la LEC.

El arrendador tiene tres días para pronunciarse sobre la pertinencia de celebrar la vista, una vez recibe el escrito de contestación del arrendatario (artículo 438.3 de la LEC).

Acordada la celebración de vista las partes tienen cinco días para indicar quiénes deben ser citados para declarar en el acto de juicio tanto en calidad de parte, de testigos o peritos (artículo 443.1 de la LEC).

La sentencia en el juicio de desahucio por precario sí produce efectos de cosa juzgada y, si es de condena, se procederá al lanzamiento en la fecha fijada, salvo que el demandado interponga un recurso de apelación ante la Audiencia Provincial.

4. VALIDEZ DE REQUERIMIENTO EFECTUADO POR EL ARRENDADOR Y NO RECOGIDO POR LA VOLUNTAD OBSTATIVA DEL ARRENDATARIO A SER NOTIFICADO

Con carácter general y aplicable a cualquiera de los procedimientos de desahucio, cualquier acto de comunicación al arrendatario como el requerimiento previo de pago para evitar la enervación o por ejemplo el requerimiento para abandono de la finca en el supuesto de desahucio por expiración del término, tendrá validez el requerimiento no recogido por el arrendatario por su voluntad obstativa a la notificación.

(*Tol 9100093*)
Fecha: 22/06/2022
Tipo resolución: Sentencia
Sala: Primera Sección: Primera
Número Sentencia: 493/2022 Número Recurso: 5557/2021

Numroj: STS 2462:2022
Ecli: ES:TS:2022:2462

Como ha dicho el Tribunal Constitucional no se produce indefensión cuando la omisión o frustración de los actos de comunicación procesal tienen su causa en la falta de diligencia del afectado en la defensa de sus derechos e intereses, bien porque se ha colocado al margen del proceso mediante una actitud pasiva, bien cuando resulte probado que poseía un conocimiento extraprocesal de la existencia del litigio en el que no fue personalmente emplazado (sentencias del Tribunal Constitucional núm. 149/2002, de 15 de julio, 6/2003, de 20 de enero, 55/2003, de 24 de marzo, 90/2003, de 19 de mayo, 191/2003, de 27 de octubre, 43/2006, de 13 febrero, 161/2006, de 22 de mayo, y 93/2009, de 20 de abril).

La naturaleza recepticia, que corresponde a toda notificación o requerimiento, legalmente practicado, exige la colaboración del destinatario, en el sentido de que admita y no obstaculice intencionada o negligentemente su recepción, de manera tal que la frustración de su práctica no responda a causas que le sean directamente imputables y no al requirente. No es posible que la eficacia de un acto jurídico penda de la voluntad del requerido.

En la sentencia del Pleno de esta Sala 552/2010, de 17 de septiembre, con cita de otras muchas resoluciones, se conjugó, tratándose del contrato de opción de compra, el criterio de la recepción con el principio de auto-responsabilidad, o de razonable posibilidad de conocimiento de la aceptación por el requerido, y, en el mismo sentido, la sentencia 738/2016, de 21 de diciembre. El Código Civil proclama, en el art. 1119 del Código Civil, que "se tendrá por cumplida la condición cuando el obligado impidiese voluntariamente su cumplimiento".

En definitiva, practicado el requerimiento fehaciente del art. 22 de la LEC, su no recepción, por causa imputable al arrendatario, no impide que desencadene su eficacia, y sin que exija una reiteración de su práctica para desencadenar eficacia jurídica, cuando la sentencia recurrida da por acreditado que quedó a su disposición mediante el correspondiente aviso. Cuestión distinta es que se demostrase que el arrendatario no pudo acceder a su contenido, lo que no es el caso.

Desahucio por falta de pago de la renta y acción acumulada de reclamación de las cantidades adeudadas por tal concepto. Carácter plenario del procedimiento. Posibilidad de alegación de los motivos de oposición relativos a que no se debe en todo o en parte la cantidad postulada en la demanda, a diferencia del desahucio por falta de pago donde no se reclamen rentas debidas, donde existen causas tasadas de oposición.

(*Tol 10123058*) | Civil | Tribunal Supremo | Fecha: 24/07/2024 | Fallo: Fallo desestimatorio | REC: 2913/2023 | RES: 1069/2024 | ECLI: ES:TS:2024:4151

Como hemos señalado en la sentencia del pleno 966/2023, de 19 de junio: "i) En el juicio verbal en el que únicamente se ejercita la acción de desahucio por falta de pago, el demandado solo puede alegar y probar (a salvo las circunstancias relativas a la procedencia de la enervación) el hecho del pago. "Se trata, por lo tanto (como ya expusimos más detalladamente en la sentencia 196/2022, de 7 de marzo de 2022): (i) de un proceso sumario, ya que tiene la cognición limitada; (ii) cuya sentencia no produce efectos de cosa juzgada; (iii) y en el que no se admite la reconvención. "ii) Las cosas son distintas en el juicio verbal en el que a la acción de desahucio por falta de pago se acumula la de reclamación de rentas o cantidades debidas, puesto que en este el demandado (además de las circunstancias relativas a la procedencia de la enervación) puede alegar (y, por lo tanto, probar), aunque sea sucintamente, formulando oposición, las razones por las que, a su entender, no debe, en todo o en parte, la cantidad reclamada. "Se trata, por lo tanto: (i) de un proceso plenario. Y no solo por lo que se refiere a la acción de reclamación de rentas o cantidades debidas, sino también por lo que atañe a la acción de desahucio, ya que la cognición no se limita al mero hecho y prueba del pago, sino que el demandado puede alegar, aunque sea sucintamente, las razones por las que, a su entender, no debe, en todo o en parte, la cantidad reclamada, lo que le permite negar su misma condición de deudor si afirma que no debe nada y, consecuentemente, controvertir sin limitación, ya que la ley no restringe las razones alegables en tal sentido, la realidad de la deuda que está en la propia base de la acción de desahucio afirmada; (ii) cuya sentencia sí produce efectos de cosa juzgada; (iii) y en el que sí se admite la reconvención, siempre que no determine la improcedencia del juicio verbal y exista conexión entre sus pretensiones y las que sean objeto de la demanda principal".

(*Tol 10124479*) | Civil | Tribunal Supremo | Fecha: 23/07/2024 | Fallo: Fallo desestimatorio | REC: 611/2022 | RES: 1065/2024 | ECLI: ES:TS:2024:4244 |

El Tribunal Supremo, determina que si bien con carácter general el impago de una renta podría ser causa de resolución, las circunstancias específicas del caso, cuando son ajenas al propio arrendatario no justifican una resolución del contrato. En el caso concreto la Sala 1° determina que la arrendataria había pagado la mensualidad tan pronto como tuvo conocimiento del impago, y que no existían perjuicios para el arrendador.

> *"Es jurisprudencia de esta sala expuesta, por ejemplo, en la sentencia 729/2010, de 10 de noviembre, con cita de las sentencias 1219/2008, de 19 de febrero y 193/2009, de 26 de marzo, la que viene proclamando que el impago de la renta del arrendamiento de una vivienda fuera de plazo y después de presentada la demanda de desahucio, no excluye la resolución arrendaticia, y ello aunque la demanda se funde en el impago de una sola mensualidad, sin que el arrendador venga obligado a que el arrendatario se retrase de ordinario en el abono de las rentas periódicas. Esta conclusión se encuentra justificada a través de sendos argumentos cuales son: A) que la primera causa específica de resolución mencionada en el artículo 114.1 de la Ley de Arrendamientos Urbanos se refiere a la falta de pago de la renta o de las cantidades que a esta se asimilan, y B) que por ser el contrato de arrendamiento urbano oneroso y conmutativo, es evidente que la primera obligación del arrendatario es la de pagar la renta; por otra parte,*

salvo cuando las partes hayan acordado que su abono se efectúe en un solo momento, este contrato es de tracto sucesivo y el impago de una sola mensualidad de renta puede motivar la resolución contractual. Esta doctrina se ratifica ulteriormente en las sentencias 137/2014, de 18 de marzo, 180/2014, de 27 de marzo y 291/2014, de 23 de mayo. Por otra parte, el art. 1124 del CC no es aplicable a los contratos de arrendamiento sometidos a la LAU de 1964 (STS 137/2014, de 18 de marzo), sino que habrá de estarse a lo dispuesto en el art. 114.1 LAU, al contar con una regulación específica. Tampoco se puede considerar que incurra en abuso de derecho (art. 7 CC), el arrendador que ante el incumplimiento del pago de la renta ejercita su derecho a la resolución del contrato. En este sentido, señala la STS 137/2014, de 18 de marzo, que: "Además, como afirma la sentencia citada núm. 193/2009, de 26 marzo (Rec. 507/2004) "el abuso de derecho estará no tanto en el arrendador que pretenda resolver el contrato por impago puntual de la renta cuanto en el arrendatario que persista en su impuntualidad...", lo que no constituye más que la aplicación concreta de una doctrina reiterada según la cual, como expresa la sentencia núm. 872/2011, de 12 diciembre (Recurso de Casación núm. 1830/2008) "la regla general consiste en que quien usa de su derecho, no ocasiona daño (qui iure sui utitur neminen laedit), aunque no obtenga una solución positiva a su demanda. Esta regla está relacionada con el derecho constitucional a la tutela judicial, de modo que esta Sala ha manifestado en diversas ocasiones que el abuso del derecho en relación al proceso debe ser cuidadosamente examinado para no coartar el ejercicio de acciones (STS 905/2007 y las sentencias allí citadas, así como las SSTS 1229/2004, de 29 diciembre y 769/2010, de 3 diciembre)"".

Ahora bien, la STS 673/2009, de 30 de octubre, invocada por la sentencia recurrida, señala que si bien es cierto que "la consideración de otros plazos diferentes por los tribunales, para distinguir el mero retraso del incumplimiento resolutorio, conduciría a la más absoluta inseguridad jurídica creando un indudable riesgo de 7 JURISPRUDENCIA arbitrariedad más que de arbitrio judicial", añade "sin perjuicio de que las circunstancias del caso concreto sí puedan y deban ser atendidas para valorar si efectivamente ha existido o no incumplimiento contractual". Por su parte, la sentencia 210/2022, de 15 de marzo, precisa que la doctrina de la sala, antes expuesta, no es aplicable dado que "no contempla la circunstancia que, conforme a lo razonado por la Audiencia, singulariza el presente caso y fundamenta la decisión: que el retraso en el pago de la renta del mes de abril de 2019 no se le puede imputar al arrendatario, sino que es atribuible a un error del banco". Pues bien, en este caso, concurren las circunstancias siguientes, que lo convierten en excepcional, y como tal tributario de un tratamiento diferenciado, cuales son: El impago se refiere a una sola mensualidad de renta que ya se abonó el 3 de agosto de 2020. La arrendataria venía satisfaciendo la renta pactada, desde el año 1983, en la que se inició la relación arrendaticia sin que, durante tan dilatado periodo de tiempo, consten impagos anteriores, salvo la enervación de la acción que tuvo lugar en el procedimiento judicial 635/2014 del Juzgado de Primera Instancia núm. 25 de Barcelona. Era práctica seguida que la merced arrendaticia se abonase mediante una trasferencia desde una cuenta de Bankia, a través de la cual cobraba su pensión la demandada, a otra cuenta de Caixabank, en la que se encontraba domiciliado el pago de la renta. Cuando se presentó el recibo al cobro correspondiente a la mensualidad de julio de 2020, se devuelve ya que, en la cuenta en la que se domicilió el pago, faltaba una pequeña cantidad de dinero que la sentencia del juzgado fija en menos de 10 euros. No se aceptó, pese a ello, el descubierto por la entidad financiera, ni tampoco se comunica a la arrendataria la devolución del recibo. El 16 de junio de 2020, la demandada sufrió una caída, que le produjo una fractura del radio y otra nasal, así como, por razón de su edad, 82 años, presenta un leve deterioro de memoria. A mitad de julio, su marido del que es cuidadora de hecho, y que convive con ella en la vivienda litigiosa, el cual padece, entre otros deterioros de la salud, una demencia por cuerpos de Lewy, sufrió otra caída que requirió su internamiento hospitalario con alta el 23 de julio. En esa situación de estrés, la demandada se olvidó ordenar la transferencia de los fondos para el abono de la renta. No fue, hasta el tres de agosto de 2020, cuando sus familiares se dieron cuenta de la situación e hicieron un ingreso inmediato de la renta impagada en la cuenta de Caixabank mediante transferencia de 1000 euros. Además, actualmente, se ha procedido a domiciliar el pago de la renta en la cuenta en la que la arrendataria cobra su pensión, en donde se viene abonando con normalidad. El impago no produjo ningún perjuicio al acreedor. La jurisprudencia de la sala no ha cerrado el paso a que, a los efectos de determinar el incumplimiento de la obligación de pago, no deban ser contempladas las concretas circunstancias concurrentes en cada supuesto litigioso. Y, desde esta perspectiva, las anteriormente descritas, de naturaleza excepcional, determinan que no pueda apreciarse concurrente un incumplimiento resolutorio del contrato de arrendamiento. No cabe aplicar la doctrina de la sentencia 137/2014, pues si bien, en ambos casos, constaba la falta de pago de una mensualidad de renta, no concurrían las circunstancias antes descritas que convierten el presente caso en singular."

5. EL INCIDENTE DE VULNERABILIDAD

El incidente de suspensión de los procedimientos de desahucio y lanzamientos viene regulado en el RDL 11/2020 de 31 de marzo dictado con ocasión de la pandemia de la Covid 19, artículo 1 y 1 bis y, en lo que respecta a los arrendamientos para proteger a las personas en situación de vulnerabilidad. Dicha regulación ha sido objeto de numerosas modificaciones, entre otras por la Ley 12/2023 por el derecho a la vivienda, por el Real Decreto-ley 9/2024 de 27 de diciembre y más recientemente por el Real Decreto-Ley 1/2025.

En primer lugar se amplía su aplicación a un mayor número de procedimientos, además de los del artículo 250.1.1º LEC, se extiende también a los de los apartados 2º, 4º y 7º del 250.1, es decir el desahucio por falta de pago, por expiración del término, el desahucio por precario y los sumarios de recuperar la posesión.

Establece el art. 441.5 LEC que "5. *En los casos de los números 1º, 2º, 4º y 7º del apartado 1 del artículo 250, siempre que el inmueble objeto de la controversia constituya la vivienda habitual de la parte demandada, se informará a esta, en el decreto de admisión a trámite de la demanda, de la posibilidad de acudir a las Administraciones Públicas autonómicas y locales competentes en materia de vivienda, asistencia social, evaluación e información de situaciones de necesidad social y atención inmediata a personas en situación o riesgo de exclusión social. La información deberá comprender los datos exactos de identificación de dichas Administraciones y el modo de tomar contacto con ellas, a efectos de que puedan apreciar la posible situación de vulnerabilidad de la parte demandada.*

Sin perjuicio de lo dispuesto en el párrafo anterior, se comunicará inmediatamente y de oficio por el Juzgado la existencia del procedimiento a las Administraciones autonómicas y locales competentes en materia de vivienda, asistencia social, evaluación e información de situaciones de necesidad social y atención inmediata a personas en situación o riesgo de exclusión social, a fin de que puedan verificar la situación de vulnerabilidad y, de existir esta, presentar al Juzgado propuesta de alternativa de vivienda digna en alquiler social a proporcionar por la Administración competente para ello y propuesta de medidas de atención inmediata a adoptar igualmente por la Administración competente, así como de las posibles ayudas económicas y subvenciones de las que pueda ser beneficiaria la parte demandada."

Las diferencias que encontramos respecto de la regulación anterior son las siguientes:

- Si bien se mantiene, con relación a la regulación anterior, el deber de informar al demandado del derecho que le asiste de acudir a los servicios sociales competentes se suprime sin embargo la necesidad de recabar su consentimiento para poder dar traslado a las Administraciones Públicas al igual que hace el art. 150.4.
- La reforma es más exigente con la información a suministrar, pues se requiere que contenga los datos exactos de identificación de dichas Administraciones y el modo de tomar contacto con ellas, algo que mucho juzgados ya detallaban en sus decretos de admisión a trámite de las demandas y requerimientos, pero que ahora puede resultar más relevante ante los nuevos organismos a los que hace referencia la Ley, pendientes de designar.
- De darse la situación de vulnerabilidad, la administración u organismo correspondientes deberá presentar una propuesta de alternativa de vivienda en alquiler social así como las medidas, ayudas o subvenciones de las que se pudiera beneficiar la parte demandada, para lo cual se concede un plazo de diez días.

En el supuesto de arrendadores que tengan la condición de grandes tenedores, se preveía como requisito de procedibilidad que se debía acompañar con la demanda acreditación de que concurre o no la situación de vulnerabilidad en la parte demandada así como la acreditación de haber acudido a un procedimiento de conciliación previo. De concurrir la vulnerabilidad se remitirá oficio a las Administraciones Públicas a efectos de la citada propuesta de ayudas económicas y subvenciones que le pudieran corresponder a la demandada.

No obstante y en relación con estos requisitos de admisibilidad de las demandas instadas por los arrendadores grandes tenedores, la Sentencia del Pleno del Tribunal Constitucional de fecha 29 de enero de 2025 (Recurso de inconstitucionalidad núm. 5514/2023) ha declarado la inconstitucionalidad y nulidad de los apartados 6 c) y 7 del Art. 439 y otros preceptos de la LEC en su redacción dada por la Disp. Final Quinta dos, seis y ocho de la Ley 12/2023, de 24 de mayo por el derecho a la vivienda.

Es decir, se anulan los requisitos de la acreditación por parte de los arrendadores que ostenten la condición de grandes tenedores, de la situación de vulnerabilidad o no vulnerabilidad de los arrendatarios así como el de sometimiento a un procedimiento previo de conciliación o de mediación, requisito éste último que, si bien se encuentra anulado, recobrará plena validez a partir del 4 de abril de 2025 con la entrada en vigor de la Ley Orgánica 1/2025, de 2 de enero, de medidas en materia de eficiencia del Servicio Público de Justicia.

El Tribunal Constitucional fundamenta la nulidad de dichos requisitos previos o presupuestos de procedibilidad, básicamente en un puro principio de proporcionalidad, declarando en sus fundamentos jurídicos que "... la exigencia de acreditación de la situación de vulnerabilidad (por parte del arrendador se presenta como excesiva, por no resultar comprensible a la luz de una ponderación proporcionada con la finalidad pretendida —encontrar una solución habitacional para las personas en situación de vulnerabilidad económica—, en la medida en que dicho objetivo puede alcanzarse por otras vías sin menoscabo del derecho de quien pretende accionar la justicia o proseguir el correspondiente proceso ...". Y continúa "...las condiciones de admisibilidad o de procedibilidad previstas en los arts. 439.6 c) y 655 bis 1 LEC, al suponer trasladar a la parte actora una carga acreditativa desmesurada por ser la circunstancia a acreditar susceptible de conocerse también a través de medios igual o más asequibles, constituyen una barrera desproporcionada para el ejercicio del derecho a la tutela judicial efectiva, en las dos vertientes concernidas, resultando, por ello inconstitucionales y nulos por vulnerar el art. 24.1 CE ...".

Finalmente mediante Auto se resuelve el incidente y el en caso de que proceda la suspensión será por un plazo máximo de dos meses si el demandante es persona física o cuatro si es persona jurídica, alzándose la suspensión automáticamente transcurridos dichos plazos.

6. ANÁLISIS SISTEMÁTICO DE LAS NOVEDADES INTRODUCIDAS EN LOS JUICIOS DE DESAHUCIO POR LA LEY ORGÁNICA 1/2025, DE 2 DE ENERO

Durante la publicación de esta obra entra ha entrado en vigor la Ley Orgánica 1/2025 de 2 de enero de medidas en materia de eficiencia del Servicio Público de

Justicia, que introduce importantes novedades tanto en cuanto a la introducción de nuevos requisitos de admisibilidad en materia civil y mercantil como en la tramitación de los procedimientos, entre ellos el juicio verbal, por lo que a continuación pasamos a analizar las principales novedades introducidas y su repercusión en materia de desahucios.

6.1. Nuevo requisito de admisibilidad: medios adecuados de solución de controversias (MASC) previo

Se establece la obligatoriedad de intentar una solución extrajudicial antes de interponer una demanda de desahucio.

Artículo 403.2 LEC:

«2. No se admitirán las demandas cuando no se acompañen a ella los documentos que la ley expresamente exija para la admisión de aquellas, cuando no se hagan constar las circunstancias a las que se refiere el segundo párrafo del apartado 3 del artículo 399 en los casos en que se haya acudido a un medio adecuado de solución de controversias por exigirlo la ley como requisito de procedibilidad o cuando no se hayan efectuado los requerimientos, reclamaciones o consignaciones que se exijan en casos especiales.»

Artículo 399.3, segundo párrafo LEC:

En la demanda deberá constar una descripción del proceso de negociación previo llevado a cabo, con indicación de los documentos que justifiquen que se ha acudido a un medio adecuado de solución de controversias. Podrá aportarse el documento que acredite haber intentado la actividad negociadora o, en su caso, una declaración responsable de la parte que indique la imposibilidad de llevarla a cabo por desconocer el domicilio o medio de contacto del demandado.

Artículo 264.4º LEC:

Se podrá aportar declaración responsable de la parte actora sobre la imposibilidad de haber llevado a cabo la actividad negociadora previa por desconocer el domicilio del demandado o el medio por el que pueda ser requerido.

Por la propia naturaleza de los procedimientos de desahucio y en íntima relación con las alegaciones de vulnerabilidad que de forma sistemática se producen en dichos procedimientos por los arrendatarios, no parece que añadir otro requisito previo a la interposición del mismo vaya a suponer solución ninguna al problema de la dilación en la tramitación procesal de dichos procedimientos.

6.2. Medios adecuados de solución de conflictos (MASC)

Se reconocen diversas modalidades de MASC, como la mediación, conciliación, negociación directa, oferta vinculante confidencial, opinión de experto independiente y derecho colaborativo.

Artículo 2 LO 1/2025:

Tienen la consideración de medios adecuados de solución de controversias: la mediación, la conciliación, la negociación directa entre las partes, la oferta vinculante confidencial, la opinión de una persona experta independiente, el proceso de derecho colaborativo y cualquier otro previsto en normas sectoriales.

6.3. Exclusión expresa del desahucio del núcleo de procesos exceptuados del MASC

Los juicios de desahucio no están exentos del requisito de acudir a un MASC previo.

Artículo 5.2 LO 1/2025:

Están exentos del requisito de acudir a un medio adecuado de solución de controversias antes de presentar la demanda los procesos sumarios de tutela posesoria, los monitorios, los de división de patrimonios y los previstos en la legislación especial donde expresamente se disponga.

6.4. Modificación del régimen de costas en relación con los MASC

Se otorga a los tribunales la facultad de valorar la conducta de las partes respecto al uso de MASC al imponer las costas procesales.

Artículo 8.4 LO 1/2025:

Los tribunales podrán valorar la conducta procesal de las partes en orden a la colaboración con el uso de los medios adecuados de solución de controversias y el posible abuso del servicio público de justicia, pudiendo modular la imposición de costas.

Artículo 245.5 LEC:

Podrá solicitarse la exoneración o moderación de costas si se acredita haber formulado propuesta de solución rechazada, y la sentencia coincide sustancialmente con ella.

Artículo 394.1 in fine LEC:

No se condenará en costas a favor de la parte cuyas pretensiones hayan sido estimadas si, sin justa causa, rehusó participar en un medio adecuado de solución de controversias al que fue convocada.

Artículo 394.2 LEC:

La parte que rehusó participar en un medio adecuado de solución de controversias podrá ser condenada en costas aun cuando la estimación de la demanda no haya sido íntegra.

Artículo 394.4 LEC:

Si la parte demandada rehusó participar en la negociación previa, el demandante podrá quedar exento de costas, salvo que se aprecie abuso del proceso.

6.5. Supresión de los requisitos de procedibilidad del art. 439.6 y 7 LEC (derogados)

Declarados inconstitucionales por la STC recurso 5514/2023 por vulnerar el art. 24 CE.

Sentencia TC Recurso 5514/2023:

Declarados inconstitucionales los requisitos procesales de grandes tenedores de acreditar vulnerabilidad del demandado y acudir a conciliación previa: vulneraban el art. 24 CE por ser irrazonables y desproporcionados. No obstante se introduce, al igual que en el resto de procedimientos, el requisito de acreditación de haber acudido a una de las medidas de solución de conflictos indicadas.

6.6. Modificación del art. 438 LEC: nueva tramitación escrita del juicio verbal

La proposición de prueba y alegaciones sobre excepciones se realizarán por escrito. La vista se limitará a la práctica de la prueba y podrá no celebrarse si el juez lo estima innecesario.

Artículo 438 LEC:

Las partes realizarán por escrito la proposición de prueba y alegaciones sobre las excepciones procesales. La vista se limitará a la práctica de la prueba. El tribunal podrá decidir, a la vista de las solicitudes de prueba, que no haya lugar a la celebración de la vista, aun cuando las partes la hayan solicitado.

6.7. *Efectos de cosa juzgada en juicios de desahucio*

Art. 447.2 LEC (modificado): La sentencia de desahucio no produce cosa juzgada, salvo respecto de acciones acumuladas por rentas impagadas o contra fiadores solidarios.

Artículo 447.2 LEC:

Las sentencias que decidan sobre la pretensión de desahucio o recuperación de finca, rústica o urbana, dada en arrendamiento, por impago de la renta o alquiler o por expiración legal o contractual del plazo, no producirán efecto de cosa juzgada. Cuando se acumulen las acciones de reclamación de rentas o cantidades análogas vencidas y no pagadas, así como las acciones ejercitadas contra el fiador o avalista solidario, los pronunciamientos de la sentencia en relación con esas acciones acumuladas producirán plenos efectos de cosa juzgada.

6.8. *Modificación del art. 449.1, 2 y 6 LEC: consignación de rentas como requisito de recurso*

Se mantiene la exigencia de tener satisfechas las rentas vencidas para poder recurrir (apelación, casación e infracción procesal).

Artículo 449.6 LEC:

Antes de que se rechacen o se declaren desiertos los recursos, se estará a lo dispuesto en el artículo 231 para que puedan ser subsanados los defectos en que hubieran incurrido los actos procesales de las partes, si bien la posibilidad de subsanación está referida únicamente al hecho de la acreditación de haber consignado, debiendo estar realizado el pago en el plazo de interposición del recurso.

ACCESO GRATIS ***a la Lectura en la Nube***

Para visualizar el libro electrónico en la nube de lectura envíe junto a su nombre y apellidos una fotografía del código de barras situado en la contraportada del libro y otra del ticket de compra a la dirección:

ebooktirant@tirant.com

En un máximo de 72 horas laborables le enviaremos el código de acceso con sus instrucciones.